COLLECTION
ROLF HEYNE

Claus Arius

Mineralwasser

DER GUIDE ZU 170 MARKEN
AUS ALLER WELT

WILHELM HEYNE VERLAG
MÜNCHEN

Für Rosemie und Florian

Zu besonderem Dank
sind Autor und Verlag verpflichtet:
Herrn Prof. Dr. Horst Kussmaul
für die Durchsicht des allgemeinen Teils,
Herrn Chemie-Ing. Franz-Josef Bibo
für die Überprüfung der Markenprofile,
Herrn Dr. Wilhelm Franke
und Herrn Dr. Walter Vogel
für ihre fachlichen Anmerkungen
und Ratschläge

Umschlaggestaltung: Christian Diener
unter Verwendung von Fotos
von Wolf & Schweinitz, Taunusstein
Kartographie: Design-Studio Fleischer, München
Layout und Satz: Michael Bauer
Druck und Bindung: Pressedruck, Augsburg
Printed in Germany

ISBN 3-453-09831-5

INHALT

VORWORT	7
VON DER VIELFALT DES WASSERS UND DER QUELLEN	11
Wasser: wertvollstes Gut	12
Mit dem Bohrer in die Tiefe	13
Wasser: äußerlich	16
Ein wenig Geschichte	17
DAS AUGE DES GESETZES	21
Das Wasserquartett	21
Natürliches Mineralwasser	22
Heilendes Wasser	25
Quellwasser	27
Tafelwasser	28
Sonderfälle	31
VOM WERTVOLLEN INNENLEBEN DER WÄSSER	32
Ionen – mal positiv, mal negativ	32
Das perlende Gas: Kohlensäure	36
Natrium + Chlorid = Kochsalz	39
Chlorid	41
Magnesium	42
Calcium	43
Kalium	43
Sulfat	44
Hydrogencarbonat	44
Auf Spurensuche	45
Eisen	47
Fluorid	48
Iodid	49
Verschiedene Spurenelemente	50
Unerwünschte Inhaltsstoffe	51

DER UMGANG MIT DEM WERTVOLLEN NASS 52
Die Verpackung 52
Die Flasche der Flaschen 52
Modernes Design hält Einzug 53
Kunststoff – ja oder nein 53
»Wasseranwendungen« 54
Wasser bei Tisch 55
Mineralwasser in der Bar 56
Wasser wird zu Eis 56
Mineralwasser zum Kochen 57
Babynahrung 57
Haltbarkeit des Mineralwassers 57

DIE DEUTSCHEN MINERALWÄSSER 58
(innerhalb der sieben Gebiete ortsalphabetisch)
Norddeutschland 59
Nordrhein-Westfalen 68
Rhein/Eifel/Saar 85
Hessen 105
Ostdeutschland 123
Südwestdeutschland 140
Bayern 161

MINERALWÄSSER AUS NAH UND FERN 175
(länderalphabetisch)

Glossar 231

Bildnachweis 233

Register 234

VORWORT

1,4 Milliarden Kubikkilometer Wasser befinden sich auf dem Erdball in einem steten Kreislauf. Ohne die Gebirge und Eispole herrschte eine einzige Sintflut und wäre der Erdball rundum mehr als zwei Kilometer hoch völlig mit Wasser bedeckt. Was auf den folgenden Seiten abgehandelt wird, ist weder das auf der Oberfläche frei vorkommende Wasser, noch das aufbereitete Trinkwasser, das bei uns zu jeder Zeit und gesetzlich streng überwacht aus dem Hahn fließt. Wir sprechen hier nur über jene, durch die Natur selbst auf feinste Weise veredelten Wässer. Sie fließen in den Tiefen der Erdschichten, haben Jahrzehnte oder gar Jahrtausende zu ihrer Metamorphose vom Regenwasser zum Mineralwasser gebraucht und werden für den menschlichen Genuß durch Bohrlöcher hochgepumpt, falls sie nicht durch eigenen Druck sprudeln. Das sind Wässer, in die der Mensch nur äußerst behutsam und nach strengen gesetzlichen Vorschriften eingreifen darf. Praktisch bleiben sie naturrein und unverändert. Man entnimmt lediglich das gelöste Eisen, obgleich es gesundheitlich von Wert wäre, aber es »rostet« und würde das Wasser trüben. Und oft setzt man Kohlensäure aus der eigenen Quelle zu oder, falls diese nicht ausreicht, auch fremde, damit das Wasser angenehm perlt.

Außer den drei Tiefenwässern »natürliches Mineralwasser«, »Quellwasser« und »Heilwasser«, gibt es noch das »Tafelwasser«, das aber nicht aus einem unterirdischen Wasservorkommen stammen muß. Alle sind gesetzlich präzise beschrieben, und sie sind teilweise recht unterschiedlich in ihrer Art. Jedes dieser Wässer hat eine andere mineralische Zusammensetzung. Selbst Quellen, die nahe beieinander liegen, haben eine mehr oder weniger unterschiedliche Mineralisation. Kein Wasser dieser Erde gleicht einem anderen. Chemiker versuchen mittels präziser Analysen der vielfältigen Mineralstoffe die Unterschiede festzustellen. Von praktisch »inhaltslosen« Wässern, die dem Aqua destillata nahe kommen, bis zu den mit allen Mineralien vollgepackten gibt es alle denkbaren Abstufungen.

Ein Buch über die edlen Wässer ist nötiger denn je. Der Verbrauch an Wässern, die in Glas-, Kunstoffflaschen oder neuerdings Pappkartons »abgepackt« sind, nimmt rapide zu. Zur Zeit werden in Deutschland im Durchschnitt pro Kopf jährlich gut einhundert Liter Mineralwasser getrunken – Tendenz steigend. Damit sind wir in der europäischen Rangfolge zwar nicht die Spitzenverbraucher – wie beim Sekt oder beim Bier –, liegen aber ganz weit oben. Mineralwasser ist außerdem ein »In-Thema«. Man trinkt nicht etwa nur gegen den Durst, man trinkt nach Gusto, und Restaurants, die etwas auf sich halten, legen Wasserkarten auf. Bei Tisch gehört Wasser jetzt auch in unseren Breitengraden dazu, man kennt die Sorten und schenkt bestimmten Marken sein Vertrauen.

Dieser »Guide« soll helfen, sich in der wachsenden Vielfalt des Angebots zurechtzufinden. Natürlich können längst nicht alle 500 Wässer begutachtet und besprochen werden, die aus deutschen Mineralbrunnen kommen. Italien, Spanien und Frankreich bieten zusammen noch einmal so viele, und selbst wenn man strengste Maßstäbe anlegt, kommen weltweit noch einmal mehrere hundert hinzu. Hier können nur die wenigen überregional verbreiteten Mineralwässer vorgestellt werden, und bei jenen mit regionaler Bedeutung ist nur eine Auswahl möglich.

Mineralwasser ist eine Angelegenheit, die sehr stark regional entschieden wird. Das Lieblingswasser der Bremer bekommt man nicht in Nürnberg, und ein Wasser aus dem Schwarzwald ist in Flensburg so gut wie unbekannt. Das ist schade, denn es gibt ein paar Wässer, nicht allein Heilwässer, die überall ihre Liebhaber finden müßten. Da gibt es die Wässer mit einem überdurchschnittlich hohen Magnesiumgehalt, die ausschließlich aus Quellen in der Vulkaneifel stammen. Auch »Calciumriesen« sind bisher nur regional, nie aber in ganz Deutschland zu haben. Aber der Trend ist erfreulich – das Angebot wird immer breiter. In einer ganzen Reihe von Getränkemärkten findet man bereits ein Sortiment von über 30 verschiedenen Wässern. Wer Bedarf an einem bestimmten Mineral hat, muß also die Etiketten studieren, ebenso wie derjenige, der Natrium vermeiden will.

Dieser Guide listet nicht nur die Inhaltsstoffe auf, er ist auch ein Wegweiser durch die für Laien oft unverständlichen Bezeichnungen der Wasserarten von mineralreich bis mineralarm, von still bis lebhaft sprudelnd.

Die mondäne Badewelt vergangener Zeiten – wie sie sich in unserem Bild aus dem vorigen Jahrhundert ein wenig widerspiegelt – gibt es längst nicht mehr. Wenn man heute zur Kur geht, gilt das ausschließlich der Gesundung und kaum dem Vergnügen. Doch das wertvolle Mineral- und Heilwasser aus den »alten« Quellen von Bad Mergentheim, Dürrheim, Pyrmont, Ems, Liebenzell, Wildbad und den vielen anderen ist noch hoch angesehen, und niemand zweifelt an seiner heilsamen Wirkung. Und wer nicht zur Kur kann, bekommt es überallhin frei Haus geliefert.

Zudem werden einige der international bekannten Wässer vorgestellt, denen man auf Reisen begegnet und die man auch bei uns kaufen kann. Dazu kommen einige, die so ungewöhnlich sind, daß der Interessierte etwas darüber erfahren sollte – Gletscherwasser und reines Regenwasser, das mineralärmste und das mineralreichste Wasser der Welt, das so stark ist, daß fast ein Löffel darin stehen könnte.

Wasser, du hast weder Geschmack noch Aroma.
Man kann dich nicht beschreiben.
Man schmeckt dich, ohne dich zu kennen.
Es ist nicht so, daß man dich zum Leben braucht:
Du selbst bist das Leben.

(Antoine de Saint-Exupéry: ›Wind, Sand und Sterne‹)

Alle zahlenmäßigen Analyseangaben bei der Vorstellung der Wässer sind in mg/l (Milligramm pro Liter) gemacht. Der Mineralgehalt wurde abweichend von der »verordneten«, am Markt völlig vorbeigehenden Einteilung: «sehr geringer Gehalt an Mineralien bis 50 mg/l« (gibt es praktisch nicht), »geringer Gehalt bis 500 mg/l« (nur etwa drei Dutzend Wässer) und »hoher Gehalt über 1500 mg/l« (über die Hälfte aller Wässer) feiner gestaffelt und der tatsächlichen Verteilung angepaßt.

Es bedeuten bei den Beschreibungen der Mineralisation:

»extrem gering«		bis unter	500 mg/l
»gering«	500	bis unter	1000 mg/l
»mittel«	1000	bis unter	2000 mg/l
»stark«	2000	bis unter	2500 mg/l
»sehr stark«	2500	bis unter	3000 mg/l
»extrem stark«		über	3000 mg/l

VON DER VIELFALT DES WASSERS UND DER QUELLEN

Kein »natürliches Mineralwasser« gleicht in seinen Werten dem anderen. Das ist naturgegeben, denn beim Durchlauf durch die Gesteinsschichten nimmt das ursprüngliche Regenwasser, nachdem es zunächst alle Fremdstoffe abgegeben hat und kristallklar gefiltert wurde, die unterschiedlichsten Mineralien auf. Da die Zusammensetzungen und Mächtigkeiten dieser Schichten immer variieren, ergeben sich unterschiedliche Durchlaufzeiten, unterschiedliche Tiefen der Quellen und somit zwangsläufig unterschiedliche mineralische Zusammensetzungen. Selbst Wässer, die aus Quellen stammen, die nur wenige Meter auseinanderliegen, oder die sogar nur in unterschiedlichen Höhen ein und desselben Bohrloches entnommen werden, zeigen meist deutlich meßbar unterschiedliche Mineralisationen.

Mit bloßem Auge betrachtet, gleicht jedes saubere Wasser völlig dem anderen. Doch außer beim Aqua destillata verbirgt sich in jedem eine mehr oder weniger große Fülle unsichtbarer Inhaltsstoffe, über die uns nur Laboruntersuchungen Auskunft geben können. Das ist beim Leitungswasser nicht anders als beim Mineral- und Heilwasser oder beim Quell- und Tafelwasser. Bis auf die beim Eingießen des Wassers sichtbar werdende gasförmige Kohlensäure sind dies die »gelösten« Mineralien und Spurenelemente. Wenn man diese Wässer verdampft, bleibt immer ein mehr oder weniger großes weißes Häuflein mineralischen Staubes übrig.

Diese Stoffe bilden den Wert eines Mineralwassers. Was freilich nicht heißt, daß ein Mineralwasser um so teurer ist, je mehr oder je seltenere Mineralien es zu bieten hat. Unterschiedliche Preise von Mineralwässern sind eher aus marketing- und vertriebstechnischen Gründen, aus Positionskämpfen im Markt und anderen Faktoren zu erklären – weniger aus der Gewinnung und Zusammensetzung des Wassers selbst. Heilwässer dagegen sind nur deshalb teurer, weil man bei ihnen mittels langwieriger und aufwendi-

Eiswürfel sollten immer aus Mineralwasser gefroren werden.

ger Prüf- und Genehmigungsverfahren eine Heilwirkung nachweisen und bestätigen lassen muß. Das Wasser selbst kostet bei der Gewinnung keinen Pfennig mehr. Auch die mehr oder weniger schwierige »Bergung« des edlen Gutes durch besonders tiefe Bohrungen oder schwer zugängliche Quellen, durch eine geringe Ausbeute oder andere technische Faktoren, wirkt sich kaum auf den Wasserpreis aus. Was sind schon im Vergleich dazu ein paar hunderttausend DM für einige 100 Meter Bohrtiefe, wenn später aus einer solchen Quelle Millionen und Abermillionen Liter besten Mineralwassers gewonnen werden können.

Wasser: wertvollstes Gut

Ohne Wasser gäbe es kein Leben auf der Erde, und andere Planeten wären vielleicht ebenfalls bewohnt, wenn dort Wasser vorhanden wäre. Es muß für uns Menschen allerdings das richtige Wasser sein. Umgeben von Millionen Kubikmetern Wasser ist schon mancher in einem Rettungsboot auf dem Ozean verdurstet, wenn er kein Trink- oder Regenwasser hatte. Ein paar Gramm Salz, genauer gesagt 35 Gramm je Liter Meerwasser machen es ungenießbar, und wer vor lauter Durst davon trinkt, wird um so eher verdursten. Nur wenige Tage ohne Trinkwasser, und das Leben erlischt, denn der menschliche Körper besteht zu mehr als zur Hälfte aus Wasser, Babys sogar zu Dreiviertel, und dieser Wasserhaushalt verträgt nur geringe Schwankungen.

97 Prozent allen Wassers auf der Erde ist Meerwasser. Trinkwasser ist aber die Grundvoraussetzung jeder menschlichen Existenz. Und diese 3 Prozent Trinkwasser sind auch noch äußerst ungerecht verteilt. Während wir mit feinstem Trinkwasser duschen, unsere Autos waschen, den Rasen

sprengen und täglich etwa 50 Liter durch die Toilette spülen, ist ein Liter davon in anderen Regionen der Erde ein kostbares Gut. Das zu wissen, macht uns vielleicht ein wenig sensibler für den unglaublichen und offenbar nie versiegenden Reichtum, den wir täglich in Millionen Litern als feinstes Mineralwasser aus der Tiefe schöpfen.

Mit dem Bohrer in die Tiefe

Im Prinzip gibt es zwei Wege, an das wertvolle Mineralwasser zu gelangen. Entweder man bringt eine Bohrung nieder, bis man auf eine wasserführende Gesteinsschicht oder gar auf eine Wasserader stößt, oder man nutzt den artesischen Druck, der mancherorts das Wasser an die Erdoberfläche befördert. Welche Probleme entstehen, wenn man 100, 200 Meter, manchmal sogar bis 1000 Meter tief in die Erdkruste bohrt, zeigen die Gutachten, die vor, während und nach der Bohrung erstellt werden. Auf vielen Seiten werden geologische, hydrogeologische sowie fassungs- und fördertechnische Befunde der Entnahmestelle und Möglichkeiten der Quellnutzung dargestellt. Da ist die Rede von Lithologie und Stratigraphie, von Schichtenfolgen, von »Horizonten« Stockwerksgliederung, Wasserwegsamkeit, Lage und Ausdehnung des Einzugsgebietes und vielen anderen Details.

Ein wenig klarer wird dies, wenn man die Bohrkerne schön nebeneinander legt und die einzelnen Schichten vermißt und untersucht. So eine Bohrung dauert Wochen, oft sogar Monate. Da gibt es oft zehn, zwanzig und mehr Schichten unterschiedlicher Mächtigkeit und Härte. Unsere Zeichnung auf Seite 14 zeigt

Riesige Investitionen sind erforderlich, um eine Quelle zu erschließen.

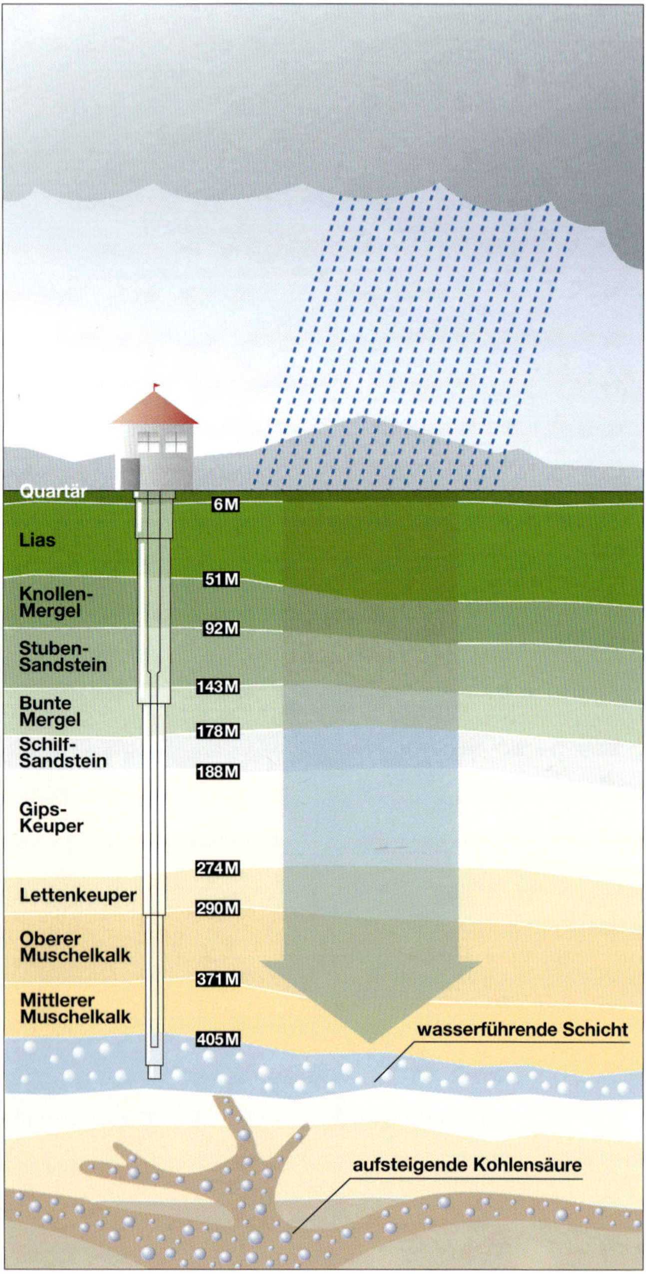

Quartär
Lias
Knollen-Mergel
Stuben-Sandstein
Bunte Mergel
Schilf-Sandstein
Gips-Keuper
Lettenkeuper
Oberer Muschelkalk
Mittlerer Muschelkalk
6M
51M
92M
143M
178M
188M
274M
290M
371M
405M
wasserführende Schicht
aufsteigende Kohlensäure

das Beispiel einer typischen Bohrung durch viele Schichten. Wenn schließlich die wasserführende Schicht gefunden ist und sich als rentabel erweist, werden Edelstahlrohre eingebracht. Die obere Mündung muß zum Schutz vor Verunreinigungen durch einfließendes Oberflächenwasser möglichst tiefreichend mit Zement oder Ton abgedichtet werden. Im unteren Teil der Rohre werden Kies- und Sandfilter installiert, mit denen man Schwebeteilchen zurückhält. Dann müssen Edelstahlleitungen zur Abfüllstation gelegt werden, die sich nur selten unmittelbar an der Bohrstelle befindet.

Die größte Spannung bei einer neu erschlossenen Quelle herrscht, bis das Ergebnis der ersten Analyse vorliegt. Enthält das Wasser viele oder wenige Mineralien und welche sind es? Lange bevor diese Analyse vorliegt, weiß man, ob ausreichend Kohlensäuredruck aus vulkanischer Tätigkeit herrscht, der das Wasser durch das Bohrloch hochdrückt. Wichtig ist die Ergiebigkeit, die »Schüttung«, wie Fachleute sagen. Sie entscheidet über die rentable Nutzung. Die Schüttung kann sehr unterschiedlich sein. Vom dünnen Rinnsal bis zu gewaltigen unterirdischen Strömen mit 150 000 Litern in der Stunde gibt es alle Varianten.

Bei artesischen Brunnen gewinnt man im Tal Wasser aus höheren Bergregionen. Durch den Druckausgleich zwischen einer höher liegenden Wasseransammlung und einer in einer Talsohle gelegenen Quellmündung stößt das Wasser schon nach kurzem Anbohren der richtigen Stelle als Springbrunnen hervor, wobei das Wasser auf einer undurchlässigen Schicht nach unten fließt.

Im Jahre 1126 wurde im ehemaligen Kartäuserkloster in Liliers in der Grafschaft Artois der erste Brunnen dieser Art gegraben. Daher auch der Name. Die Chinesen sollen schon vor Jahrtausenden solche Brunnen gekannt haben. Ist genügend Wasser vorhanden, läßt man es zur Freude der Kurgäste gerne »springen«. Ansonsten wird es sorgsam und auf hygienische Weise aufgefangen und nach der erlaubten Behandlung abgefüllt.

Wasser kann sich auch an undurchlässigen Gesteinsschichten stauen, überlaufen und an einer Talsohle zutage treten. Die Fähigkeit Gesteinsformationen, in denen Quellen entstehen, ihre Ausschöpfungsmöglichkeiten, die mineralische Zusammensetzung richtig zu beurteilen, und vieles mehr gehört zu den wichtigsten Kenntnissen des Quelleningenieurs. Denn niemand wird hohe Investitionen wagen, wenn später nicht alle Brünnlein fließen.

Wasser: äußerlich

Wer einmal durch die Wandelhalle eines gepflegten Kurortes geschlendert ist und Menschen in ehrfürchtiger Haltung mit dem numerierten Brunnenglas in der Hand auf und ab gehen gesehen hat, hat sicher die besondere Aura verspürt, die so ein Thermalbad umgibt. Meist ist der Unterschied zwischen dem Wasser, das wir trinken, und dem, das äußerlich anzuwenden ist, nicht sehr groß. In fast allen Badeorten gibt es Quellen, die sich sowohl für Trinkkuren als auch zum Heilbaden eignen. Das haben schon die alten Römer entdeckt und eine ausgeprägte Badekultur entwickelt.

Rein »bädertechnisch« unterscheidet man, ob die aus der Tiefe kommenden Wässer permanent, periodisch (z.B. im Frühling) oder episodisch (nur in regenreichen Jahren) sprudeln, ob sie durch artesischen Druck hochkommen oder hochgepumpt werden müssen. Hat das Wasser eine Temperatur unter 20° C, spricht man von kalten Quellen (Pegen), ab 20° C von warmen Quellen (Thermen) oder ab 50° C von heißen Quellen. Der Mineralstoffgehalt spielt eine Rolle. Von indifferenten Quellen mit chemisch sehr reinem bis zu hochgradig angereichertem Wasser ist alles anzutreffen: Solequellen, Säuerlinge, Sprudel und anderes mehr. Für jede Quelle gibt es differenzierte Heilindikationen.

Kurbetrieb in Vichy am Brunnen der Source Célestins zu Zeiten Napoleons III.

Ein wenig Geschichte

Zunächst genügte den Naturvölkern ein Erdloch, in dem sich mehr oder weniger gutes Wasser ansammelte. Menschen in Trockengebieten, Buschmänner, Feuerländer und Australier entwickelten große Fähigkeiten, Wasser aufzuspüren. Dabei war der Mensch immer auf der Suche nach dem guten, dem heilbringenden, dem »heiligen« Wasser. Notfalls tut es zwar auch Regen-, Schmelz-, See- oder Flußwasser, aber wer wie Moses in der Lage war, mit einem Stock an einen Felsen zu schlagen und feines Quellwasser zu finden, war von einer beinahe göttlichen Aura umgeben, und heilige Quellen kennt man in allen Erdteilen und Kulturen.

Viele Badeorte Italiens haben einen geradezu legendären Ruf, so auch Boario, das besonders Anfang dieses Jahrhunderts seine hohe Zeit hatte.

Mit den höheren Kulturstufen entwickelte der Mensch die Kunst, Zisternen anzulegen und Brunnen zu graben. Meister im Brunnenbau waren die Maya, und in Mesopotamien kannte man schon vier Jahrtausende v. Chr. Brunnen, die mit Tonringen gefaßt wurden. Wie die Grabungen im älteren Troja ergaben, wurden solcherart gefaßte Brunnen bereits in der Bronze- und Eisenzeit gebaut. Die Griechen waren der Überzeugung, Wasser sei wertvoller als Gold. Der Wasserkult der Römer mit ihren Thermen und heilsamen Quellen ist bekannt und hat nicht nur in den von Germanen besiedelten Gebieten südlich des Limes seine Spuren hinterlassen. In Wiesbaden kann man am Giebel des Kurhauses die Inschrift »Aquis Mattiacis« (»An den Wässern der Mattiaker«) lesen. Schon die Römer waren so froh über dieses germanische Wasser, daß sie ihm diesen Namen gaben. Gajus Plinius, der kurz nach der Zeitenwende geborene römische Schriftsteller, erkannte, daß die Eignung eines Wassers für bestimmte Anwendungen durch die darin gelösten Mineralien bedingt ist.

Abfüllung von Selterswasser um 1725.

Die Verteilung des wertvollen Trinkwassers wurde im Römischen Reich per Fernleitungen gelöst. Rom wurde mit neun Gefälleleitungen von fast 500 Kilometern Länge versorgt, durch die teilweise erstklassiges Brunnenwasser floß. Insgesamt wurden an die 100 Fernwasserleitungen aus damaliger Zeit erforscht, von denen noch heute drei in Betrieb sind.

Das Wort Brunnen (Born) bedeutete im Gotischen und Althochdeutschen auch Quelle, und daraus schöpften wiederum die Germanen mittels Ziehbrunnen ihr Wasser.

Früher war es wesentlich mühseliger, an das ersehnte Mineralwasser zu kommen. Die Bohrlöcher waren meist nicht so tief, und wenn man auf eine ergiebige Wasserader gestoßen war, ließ man mangels elektrisch betriebener Pumpen Körbe mit Steingutkrügen hinab. Diese füllten sich, wurden dann hochgezogen, sodann verschlossen und versiegelt. Beim Transport, zuerst mit Pferdefuhrwerken, später auch mit der Eisenbahn, gab es meist viel Bruch. Die Krüge – immer mit einem Ursprungsstempel – sind heute begehrte Sammlerstücke.

Im späten Mittelalter wurden schließlich Pumpwerke erfunden, und die erste Trinkwasserhebeanlage gab es 1414 in Augsburg. Vom Ende des Dreißigjährigen Krieges an gab es eine Art Heilwasser-Versand. Adlige ließen sich ihre Heilwässer in Tonkrügen per Kurier an den Hof bringen. Etwa ab der Mitte des 18. Jahrhunderts wurden erstmals auch tiefe Bohrungen niedergebracht, um an gutes Wasser heranzukommen.

In den neunziger Jahren des letzten Jahrhunderts war in England Whisky mit Apollinaris »in«.

Nachdem seit den Zeiten der Römer in den bekannten Badeorten überwiegend Badekuren durchgeführt wurden, setzten sich seit dem 18. Jahrhundert mehr und mehr auch Heilwasserkuren durch. So fuhren die wohlhabenden Leute regelmäßig in die bekannten Kurorte Aachen (römisch Aquae grani), Baden-Baden, Baden bei Wien, Badenweiler, Ems, Gastein, Karlsbad, Kissingen, Kreuznach, Mergentheim, Pyrmont, Reichenhall und Wiesbaden zum Kuren. Und zur Nachkur ließen sie sich Krüge mit dem edlen Naß nachschicken.

Zwei Faktoren machten gegen Ende des 19. Jahrhunderts Mineralwasser erschwinglich und damit auch breiteren Schichten zugänglich: Das war zum einen die Verbesserung der Transportmöglichkeiten durch die Ausdehnung des Eisenbahnnetzes bis in kleinere Dörfer, und zum anderen die Glasflaschen, die durch industrielle Fertigung in großen Stückzahlen preiswert hergestellt werden konnten. Da gab es zunächst die eigenwillige Klickerflasche, bei der eine Glaskugel durch den inneren Kohlensäuredruck gegen eine Gummidichtung gedrückt wurde. Es folgten die Bügelverschlußflasche und ab den siebziger Jahren unseres Jahrhunderts die Brunneneinheitsflasche mit dem Schraubverschluß. Noch nie war Mineralwasser so preiswert und in einer derart großen Sortenvielfalt erhältlich wie heute.

Eine der traditionsreichsten und von der Mineralisation her eigenwilligsten Quellen ist die Kaiser Friedrich Quelle. 1888 suchte ein Offenbacher Bürger Wasser für seine Fabrik und stieß auf dieses herrliche Mineralwasser. Für sein Anliegen war es freilich zu salzhaltig. Kaiser Friedrich III. hoffte mit diesem Wasser seinen Kehlkopfkrebs heilen zu können, was aber nicht gelang. Wilhelm II. erlaubte, die Quelle nach seinem Vorgänger zu benennen. Nicht wenige Mineralwässer haben eine ähnlich interessante und lange Geschichte aufzuweisen. Viel mehr allerdings sind erst in unserem Jahrhundert, sogar erst in den letzten Jahren gebohrt worden.

DAS AUGE DES GESETZES

Wasser ist viel zu lebenswichtig, als daß nicht alles, was damit zu tun hat, genauestens reglementiert und überwacht werden müßte. Wasser, angefangen beim Leitungswasser, ist das am strengsten überwachte Lebensmittel überhaupt. Es ist innerhalb der eng gesetzten Grenzwerte der Trinkwasserverordnung von nicht zu beanstandender Qualität. So manchen schreckt aber die Vorstellung, daß es sich dabei fast immer um oberflächennahes Grundwasser, beziehungsweise Fluß- oder Seewasser handelt. So fließt aus den Wasserhähnen Stuttgarts Bodenseewasser, in anderen Städten ist es der nahe Fluß, dem man das Leitungswasser entnimmt. Daß es äußerst sorgsam aufbereitet wird und gut trinkbar ist, steht dabei außer Zweifel, auch wenn es gelegentlich nach zuviel Chlor schmeckt. Will man aber Wasser zum Trinken, zum Kochen von Tee oder Babynahrung, zum Mixen, für Eiswürfel und viele andere Zwecke verwenden – ganz abgesehen von einer angestrebten Heilwirkung –, fühlt man sich bei Mineral- und Heilwasser einfach wohler, Wasser, das einen jahrzehntelangen Reinigungsprozeß durchgemacht hat. Wir können uns glücklich preisen, daß wir im quellenreichen Deutschland noch so unermeßlich viel von diesem Schatz haben. In Österreich und in der Schweiz ist es ähnlich. Und die penible Überwachung ist gut für den Verbraucher. Er kann sich bei jedem Schluck, den er trinkt, sicher fühlen.

Das Wasserquartett

Unter dem Oberbegriff »Tiefenwasser« verbergen sich drei definierte Arten, die qualitativ unterschiedlich zu bewerten sind und die gesetzlich streng getrennt werden. Dazu kommt das Tafelwasser, und neuerdings »abgepacktes Trinkwasser«. Für die beiden letzteren ist die »Tiefe« nicht vorgeschrieben.

Es würde zu weit führen, an dieser Stelle die Verordnung über natürliches Mineral-, Quell- und Tafelwasser (Mineral-

und Tafelwasserverordnung) vom 1. August 1984 (geändert am 5.12.1990) und die Heilwasser AMG 1976 (1994 durch die 5. Novelle geändert) zu zitieren. Sie sind in weiten Teilen für den Laien zu speziell und würden den Rahmen dieses Buches sprengen. Vom Bundesminister für Jugend, Familie und Gesundheit herausgegeben, sind sie so etwas wie ein Ehrenkodex der Brunnenbetriebe, und wer Wasser aus den Erdschichten nach oben befördert oder aus einer artesischen Quelle zapft, kennt sie in allen Details. Selbstverständlich gab es schon früher gesetzliche Bestimmungen, doch 1984 wurden für natürliches Mineralwasser die vorhergehenden von 1934 den Richtlinien der Europäischen Gemeinschaft angeglichen.

Natürliches Mineralwasser

»Natürliches Mineralwasser« heißt dieses Produkt aus dem Schoß der Erde und nicht nur einfach »Mineralwasser«. Wobei das Attribut »natürlich« ein Pleonasmus ist, denn »künstliches« Mineralwasser gibt es nicht mehr. Deshalb sprechen wir hier der Einfachheit halber meist nur von Mineralwasser. Es ist das einzige Lebensmittel, das eine amtliche Anerkennung benötigt, bevor es verkauft wird.

Bei der Bezeichnung und schon gar nicht bei der Behandlung darf der Brunnenbetrieb keinen Deut von den Verordnungen abweichen. In der Verordnung finden wir den Paragraphen, daß »Natürliches Mineralwasser seinen Ursprung in einem unterirdischen, vor Verunreinigungen geschützten Wasservorkommen hat und aus einer oder mehreren natürlichen oder künstlich erschlossenen Quellen gewonnen wird«. Man kann also durchaus das Wasser mehrerer Quellen mischen. Des weiteren muß dieses Wasser »von ursprünglicher Reinheit sein und aufgrund seines Gehalts an Mineralstoffen, Spurenelementen oder sonstigen Bestandteilen ernährungsphysiologisch bestimmte Wirkungen besitzen«.

Hier nur kurz einige wichtige Details: Mineralwasser muß am Quellort abgefüllt werden (es sei denn, es wird – wie in Kurbädern – direkt an der Quelle verbraucht), amtlich anerkannt und mit wissenschaftlich anerkannten Verfahren (geologisch, hydrologisch, physikalisch, chemisch usw.) überprüft worden sein.

Wer mit seinem Wasser – das den Namen der Quelle und den Ort der »Quellnutzung« tragen muß – alle Hürden ge-

Spa ist nicht nur der Name für einen Ort in den Ardennen und sein Wasser, es ist auch englischer und japanischer Begriff für Badeort und Mineralquelle. Spa (wohl vom lateinischen »sparsa/spargere« = hervorquellen) war einst sehr berühmt. Die Quellen waren schon den Römern als heilkräftig bekannt. Bereits vor vierhundert Jahren begann man, das Wasser zu exportieren, und im 18. und 19. Jahrhundert war Spa einer der bedeutendsten Badeorte Europas. Der Pierrot auf unserem Bild erblickte 1923 mit der Einführung des »Spa Gazeux« das Licht der Welt und begleitet die Marke bis heute.

Als Kurort hatte San Pellegrino Anfang dieses Jahrhunderts seine Glanzzeit, und in der schönen Trinkhalle trafen sich Politik und Hochadel.

nommen hat, der wird im ›Bundesanzeiger‹ vorgestellt. Etwa 500 Mineralwässer sind allein für Deutschland darin verzeichnet. In Italien sind es annähernd 300, in Frankreich über 60, in Großbritannien 58, in Spanien 50, in Belgien 38 und in Portugal 25.

Selbstverständlich wird das »Herstellungsverfahren« genau überwacht. Dabei dürfen lediglich Eisen, Mangan, Arsen und Schwefelverbindungen entfernt werden. Die freie Kohlensäure muß man während dieses Vorganges entfernen, da sie sich sonst verflüchtigen würde. Sie wird aber sorgsam aufgefangen und später wieder zugefügt. Wenn von den unerwünschten Stoffen nichts in einem Wasser vorhanden ist, kann es direkt und ohne jegliche »Bearbeitung« abgefüllt werden. Doch das ist selten. Zugesetzt werden darf nichts außer Kohlensäure. Mineralwasser muß außerdem an der Quelle mikrobiologisch rein sein und darf im Gegensatz zu Trinkwasser nicht desinfiziert werden.

Irgendwo in der Landschaft den Bohrer ansetzen, ein tiefes Loch bohren, Wasser hochpumpen und in Flaschen abfüllen, das geht jedenfalls in der EU nicht. Dutzende von Prüfungen und Untersuchungen, langwierige Überprüfungsver-

Unter aus Marmor gemeißelten Meerestieren sprudelt die eine der drei San Pellegrino-Quellen mit einer Temperatur von 27 Grad Celsius.

fahren mit wissenschaftlich anerkannten Methoden und eine regelmäßige behördliche Überwachung vor allem durch Lebensmitteluntersuchungsämter sind unerläßlich. Mineralwässer »mit weniger als 1000 Milligramm gelöster Mineralstoffe oder weniger als 250 Milligramm freien Kohlendioxids in einem Liter« müssen noch zusätzlich unter »ernährungsphysiologischen Gesichtspunkten« überprüft werden.

Heilendes Wasser

Zwischen Mineral- und Heilwasser gibt es weder Unterschiede in der Art der Quellen noch in der Art der Gesteinsschichten, aus denen es entnommen wird oder der Tiefe des Bohrloches usw., noch in der Art der Wassergewinnung, der Enteisenung und Abfüllung. Der Unterschied liegt einzig und allein darin, daß Mineralwasser dem Lebensmittelgesetz unterliegt und Heilwasser dem Arzneimittelgesetz. Das bedeutet, daß bei einem Heilwasser der gesundheitsdienliche Effekt durch schwierige und langwierige Genehmigungsverfahren nachgewiesen werden muß. Dafür sind vor allem die

»Große Heilwasserfüllungsanalyse« und bäderkundlich-wissenschaftliche und klinische Gutachten zu erstellen. Wie Mineralwässer, so können auch Heilwässer klassifiziert werden (was weiter unten noch erläutert wird), wobei man früher bei Trinkkuren in den Badeorten, nicht bei aber bei Versandheilwässern, zusätzlich noch gerne nach Bitter-, Glaubersalz, Gips-, Eisenvitriol-, Eisen-, Jod-, Schwefel-, Radonwässer und anderen Spezialitäten unterschied.

Für die Zusammensetzung der Inhaltsstoffe oder für deren Proportionen zueinander gibt es also keine Vorschriften. Es steht dem Brunnenbetrieb sogar frei, ein und dasselbe Wasser als Mineral- und als Heilwasser zu verkaufen, wenn es die erwähnten schwierigen Prüfungen durchlaufen hat.

Bisher gab es auch Heilwässer, die praktisch keine Mineralien enthielten. Musterbeispiel ist das Bad Brückenauer Wernarzer Wasser, das gerade 0,2 g/l Mineralien enthält und dennoch ein Heilwasser ist. Andererseits ist die Nürburg-Quelle kein Heilwasser (dagegen das aus der gleichen Quelle

Ständig werden Mineralwässer und Heilwässer nicht nur auf ihre Inhaltsstoffe untersucht, sondern auch ob sie mikrobiologisch einwandfrei sind.

abgefüllte »Vulkania«), obwohl sie mit 4,4 g/l Mineralien ungewöhnlich hoch dosiert ist. Die Menge der Mineralien im Heilwasser ist also kein Kriterium, sondern ausschließlich die Heilwirkung bestimmter Mineralien oder die »Spülwirkung« des Wassers. Doch die Zeiten für extrem mineralarme Heilwässer sind vorbei. In Zukunft werden solche »Schwächlinge« nicht mehr als Heilwasser zugelassen.

Manchmal ist es ein einziger Bestandteil, der den Wert eines Heilwassers ausmacht. Die St. Lambertus Altmühlthaler Heilquelle hat nur 0,75 g/l Mineralstoffe, doch fällt hier der ungewöhnlich hohe Fluoridanteil ins Gewicht, der schon ab 5 mg/l deklariert werden muß. Auch beim Eisengehalt gibt es Sonderfälle. Heilwasser wird zwar manchmal »naturbelassen« abgefüllt und auch so deklariert, doch selbst wenn Eisen nur schwach vorhanden ist, wird man es zumeist entfernen, um das Wasser nicht mit trüben Flocken zu verunstalten. Einige Quellen mit deutlichem Eisengehalt jedoch belassen das gelöste Metall im Wasser, denn es ist eine gesuchte Besonderheit. Die Thauma-Eisen-Heilquelle und der Lamscheider Stahlbrunnen haben bei nur etwa 1 g/l Mineralien gewaltige 0,24 g/l Eisen. Das ist die Hälfte von dem, was ein Mensch in seinem Körper hat.

Ein wenig Verwirrung gibt es mit der Flaschenfarbe. Eigentlich war die grüne Brunnenflasche für die Heilwässer gedacht. Doch viele Brunnen füllen jetzt die in Mode gekommenen kohlensäureärmeren Varianten darin ab – zur besseren Abgrenzung gegen die stark kohlensäurehaltigen Sorten. Zwei Drittel der grünen Flaschen werden mit stillem Mineralwasser gefüllt. Man muß also beim Kauf das Etikett genau beachten.

Quellwasser

Dieser Name klingt gut und unverfänglich. Wer hat sich nicht schon einmal auf einer Wanderung an einer sprudelnden Quelle gelabt? Warum soll man es also nicht abfüllen und verkaufen. Wie Mineralwasser stammt Quellwasser aus einer oder mehreren unterirdischen Quellen, doch werden daran nicht so hohe Anforderungen gestellt wie an Mineralwasser und Heilwasser. Nach der Mineral- und Tafelwasserverordnung ist Quellwasser ein mineralarmes Wasser aus natürlichen oder künstlich erschlossenen Quellen, das zwar am Quellort abgefüllt worden sein muß, aber nur den EG-Richtlinien für Trinkwasser zu entsprechen hat. Eine Mindestmenge an Mineralien ist nicht vorgeschrieben, und nur die beim Mineralwasser angewendeten Verfahren zur Enteisenung und zur Kohlensäureentnahme und -zugabe sind erlaubt. In Deutschland allerdings hat Quellwasser – im Gegensatz zu Frankreich, Italien und Spanien – kaum eine Bedeutung und ist bestenfalls regional anzutreffen.

Tafelwasser

Früher drückte dieser Begriff eine höhere Wertschätzung aus. »Tafelwasser« war nach der »Tafelwasserverordnung« von 1935 der Oberbegriff für alle Wässer: »Tafelwasser«, »Mineralwasser« (jetzt »natürliches Mineralwasser«), »mineralarmes Wasser« (jetzt »Quellwasser«) und »künstliches Mineralwasser« (jetzt »Tafelwasser«). Seit der Gesetzgebung von 1984 beschränkt sich die Bezeichnung »Tafelwasser« auf die unterste Wasserart. Unter »Tafel« müßte man eigentlich immer das Beste verstehen, eben jene Erzeugnisse, die ihren Platz auf der Tafel zum guten Essen haben. Doch wie beim Wein bedeutet »Tafel« die unterste gesetzlich geregelte Stufe.

Tafelwasser muß zwar die mikrobiologischen Anforderungen der edleren Verwandten erfüllen, doch es ist an keine Quelle gebunden. So darf – wie auch bei Quellwasser – kein Quellenname angeben werden. Für Tafelwasser kann man ohne weiteres verschiedene Wässer mischen, und vor allem darf die gewünschte Mineralisation durch Zusätze gestaltet werden. Selbstredend dürfen die »Grenzwerte für chemische Stoffe« keinesfalls überschritten werden.

Nachdem Tafelwasser zuerst durch die zu Coca-Cola gehörende Marke Bonaqa und später durch weitere Wässer anderer Firmen eine ziemliche Bedeutung erlangt hat, sei dieses Thema etwas ausführlicher behandelt. Tafelwasser kann bestehen aus: natürlichem salzreichen Wasser (Natursole), angereichertem Mineralwasser, Meer- und Trinkwasser

Oft fließt Wasser in großen Kaskaden aus den Bergen, wie hier bei den Wasserfällen von Triberg. Wenn es auch so aussieht, zum Trinken ist solches Wasser noch lange nicht geeignet. Es ist weder Quellwasser noch Tafelwasser und schon gar nicht »natürliches Mineralwasser«. Erfreuen wir uns an diesem schönen Naturereignis, und verlassen wir uns lieber auf ein abgefülltes Mineralwasser!

Gletscherwasser kommt mehrfach als ausgezeichnetes Mineralwasser oder Quellwasser bei der Vorstellung der einzelnen Wässer vor. Doch immer wird es unter ganz besonderen Bedingungen ohne Umweltbelastungen gewonnen, oder es liegt seit Urzeiten im Schoß der Erde, von wo aus es hochgepumpt wird. In unseren Breiten ist Gletscherwasser nicht für den Trinkgenuß geeignet.

(Leitungswasser) sowie aus den zugesetzten Mineralien Calcium- und Natriumchlorid (Kochsalz), Natrium-, Natriumhydrogen-, Calcium- und Magnesiumcarbonat sowie Kohlensäure. Für eine überregionale Marke ergibt sich bei einer Verwendung von regionalem Trinkwasser der große Vorteil, daß sie ein einheitliches Produkt mit einer standardisierten Mineralienmischung an verschiedenen Orten erzeugen kann, ohne Wasser kostenaufwendig durch das ganze Land transportieren zu müssen.

Man nimmt natürlich nicht einfach nur Leitungswasser, sondern behandelt es mehrfach. Es wird zunächst enthärtet, dann mit Chlor entkeimt. Durch Filterung über Aktivkohle wird das Chlor wieder entfernt. Schließlich wird das Wasser zur Sicherheit noch durch ein Mikrofilter gegeben, um eventuelle Feinpartikel zu eliminieren.

Einige Hersteller füllen durchaus aus einer Bohrung stammendes reines Tiefenwasser ab, geben dann aber zur Geschmacksabrundung etwas Natursole dazu. Durch diese Behandlung verliert das Wasser den Adelstitel »Mineralwasser« und wird zu Tafelwasser. Doch man ist der Ansicht, daß der etwas bessere, rundere Geschmack das allemal aufwiegt. Eines ist klar: Tafelwasser ist für die Tafel zwar auch geeignet, doch die klassischen Mineralwässer, besonders die nicht zu stark mineralisierten, sind das natürlich erst recht, ohne sich »Tafelwasser« zu nennen.

Es bleibt die Frage, warum Tafelwasser überhaupt Chancen auf dem Markt hat, wo doch Mineralwässer in beliebigen Mengen zu günstigen Preisen überall zu haben sind. Es ist eben unser liberales Wirtschaftssystem, das auch solchen Erzeugnissen Platz gibt. Der aufgeklärte Verbraucher wird schon wissen, wofür er sich entscheidet. Außer dem erwähnten logistischen Vorteil für den Hersteller gibt es auch für die Gastronomie Vorteile. Sie kann Tafelwasser, im Gegensatz zu Mineralwasser, auch im Container beziehen und darf es offen glas- oder karaffenweise ausschenken.

Sonderfälle

Von »Whisky mit Soda« hat sicher jeder schon einmal gehört. Sodawasser wird nur noch selten erzeugt. Es ist eine spezielle Art des Tafelwassers. Wenn es mindestens 570 mg/l Natriumhydrogencarbonat und Kohlensäure enthält, darf es als »Sodawasser« bezeichnet werden. Übrigens werden auch Geräte zur Sodawassererzeugung verkauft. Mittels einer Kohlensäurepatrone wird dieses Wasser direkt in das Trinkglas gespritzt – zum Whisky oder einem Cocktail. Sodawasser kommt freilich aus diesem Heimsyphon nur heraus, wenn man es vorher hineingetan hat. Meist wird wohl Leitungswasser verwendet. Besser wäre in jedem Fall ein kohlensäurearmes Mineralwasser möglichst mit entsprechenden Mineralien, dann bekäme man tatsächlich Sodawasser.

Seit 1990 gibt es noch eine neue, gesetzlich geregelte Wasserart. Das heißt, es ist nur eine Verpackungsart: Abgepacktes Trinkwasser. Es wird in Flaschen oder in Pappkartons (Brik) abgefüllt.

VOM WERT-
VOLLEN INNENLEBEN
DER WÄSSER

Jede Firma, die Wasser aus der Tiefe nach oben befördert und verkauft, läßt in mehr oder weniger großen Abständen das Wasser auf Verunreinigungen oder unerwünschte Stoffe untersuchen. Größere Unternehmen haben dafür meist eigene, gut ausgerüstete Laboratorien, kleinere überlassen die Überprüfungen den einschlägigen Instituten. Außerdem läßt jeder Brunnenbetrieb alle paar Jahre feststellen, ob die Inhaltsstoffe noch der anfänglichen, zur Genehmigung der Quelle vorgeschriebenen Untersuchung entsprechen. Eine solche gründliche Untersuchung umfaßt weit über hundert analytische Werte und geht bis zu unvorstellbar geringen Anteilen an Inhaltsstoffen.

Der Laie kann mit den dabei ermittelten Analysewerten nichts anfangen. Doch einige ausgewählte Werte stehen – in Kürze wird es EU-weit vorgeschrieben sein – meist auf den Etiketten der Mineralwasserflaschen, sicher aber auf denen der Heilwässer. Auch diese wenigen chemischen Angaben sind für viele Käufer böhmische Dörfer. Da tauchen unbekannte chemische Begriffe auf, oft mit ihren formelhaften Abkürzungen, dann Oberbegriffe wie Anionen und Kationen, kaum nachvollziehbare minimale Maßangaben wie mg/l (= 1000stel Gramm je Liter) und ähnliches.

Das folgende Kapitel soll dem interessierten Wasserverbraucher Aufklärung über Wert und Bedeutung der einzelnen Stoffe geben.

Ionen – mal positiv, mal negativ

Dieser kleine chemische Exkurs ist für chemisch/physikalisch Interessierte gedacht. Wem das zu kompliziert ist, der kann ihn getrost und ohne Nachteil überblättern. Manche werden vielleicht noch aus der Schulzeit wissen, was Ionen sind. Im Wasser gibt es elektrisch geladene Teilchen in Atombeziehungsweise Molekülgröße, genannt Ionen (griech.: Ion =

gehend). Dabei unterscheidet man zwischen positiv geladenen Kat*ionen* und negativ geladenen An*ionen*. Wenn man einen Behälter mit Mineralwasser füllt und zwei Metallplatten einander gegenüberstehend hineinhängt, an denen jeweils ein Pol einer Batterie angeschlossen ist, passiert folgendes: Die positiv geladenen Bestandteile des Wassers werden von der negativen Kathode angezogen. Sie werden

Die wichtigsten Inhaltsstoffe des Mineralwassers sind:

	in deutlichen Mengen	in Spuren	erlaubte Bezeichnung (ab Milligramm/ Liter)
Kationen			
* Natrium	+/ –		natriumhaltig (200)
* Kalium	(+)	+	
* Calcium	+		calciumhaltig (150)
* Magnesium	+		magnesiumhaltig (50)
Lithium		0	
Ammonium		0	
Strontium		0	
Mangan		0	
Eisen		+	eisenhaltig (1)
Anionen			
* Chlorid	+/–		chloridhaltig (200)
* Sulfat	+		sulfathaltig (200)
* Hydrogencarbonat	+		bicarbonathaltig (600)
Fluorid		+ /–	fluoridhaltig (1)[1)]
Bromid		0	
Iodid		+	
Hydrogenphosphat		0	
Undissoziierte Stoffe			
Kieselsäure		0	
Borsäure		0	

+ = positive Wirkung

0 = gesundheitlich und diätetisch ohne Wert

– = nachteilige Inhaltsstoffe
Bei Heilwässern können einzelne Bestandteile weit über das normale Maß hinaus vorkommen.

1) Bezeichnung ab 1,5 mg/l Vorschrift, ab 5 mg/l Fluorid muß ein Hinweis auf dem Etikett stehen, daß dieses Wasser nur in begrenzten Mengen getrunken werden darf.

* Die Mengen dieser sieben Hauptmineralien werden bei der Vorstellung der einzelnen Wässer – soweit bekanntgegeben – genannt.

Das französische stille Wasser Volvic kommt aus einer der schönsten Gegenden Frankreichs, der Auvergne im Zentralmassiv. Auf diesem Bild ist die vulkanische Struktur der Landschaft deutlich zu erkennen. In Deutschland ist es die Vulkaneifel, aus der die mineralreichsten Wässer kommen.

Kationen genannt. Mit den negativ geladenen Teilchen ist es umgekehrt. Sie lassen sich auf der positiven Anode nieder und heißen Anionen. Anionen und Kationen sind im Wasser stets im Gleichgewicht.

Schließlich gibt es noch Bestandteile, die weder positiv noch negativ geladen sind. Das sind die sogenannten neutralen oder undissoziierten Bestandteile wie Kieselsäure und Borsäure. Auch sie werden manchmal auf den Etiketten angegeben.

Mengenmäßig reicht der Anteil der gelösten Stoffe bis zum einsamen Rekord von 42 Gramm je Liter bei der Bad Mergentheimer Albertquelle, und nach unten geht es fast bis zum destillierten Wasser mit null Inhalt. Es gibt einige Quellen, die so gut wie nichts auf die analytische Waage bringen. Das »Hawaii Water« enthält auf eine Million Teile Wasser nur fünf Teile Mineralien, das belgische Wasser Spa hat 33 mg/l. In Deutschland ist es die Kirkeler Waldquelle im Saarland, die mit 55 mg/l das »ärmste« Wasser hervorbringt.

Ein Reihe von Mineralwässern hat weniger als ein Gramm Mineralien je Liter. Dazu gehören vor allem die bekannten stillen Wässer aus Frankreich wie Volvic, Badoit, Evian, Perrier, Vittel. In Deutschland sind es Vilsa, Fürst Bismarck

Quelle, Rhön Sprudel und etwa 60 weitere Wässer. Mineralwässer mit weniger als 1 g/l Mineralien müssen »zusätzlich unter ernährungsphysiologischen Gesichtspunkten mit wissenschaftlich anerkannten Verfahren überprüft werden«.

Wenn kein Schwerpunkt einer Mineralsorte vorliegt, spricht man von einer ausgewogenen Mineralisation. Doch eine Reihe von Mineral- und Heilwasserbrunnen gibt bei ihren Wässern außer den vorgeschriebenen Bezeichnungen auf dem Etikett einen »Wassertyp« an. Das sind recht komplizierte Bezeichnungen, die eher zu den Heilwässern passen, wo sie ja fast ausnahmslos angeführt werden. Besonders die später noch ausführlicher behandelten Stoffe Calcium, Natrium und Magnesium sowie Hydrogencarbonat, Chlorid und Sulfat werden in den verschiedensten Kombinationen genannt. Die Bestandteile werden in der Reihenfolge immer nach der Höhe ihres Anteils aufgeführt und müssen jeweils mehr als 20 Prozent des Kationen- und des Anionenanteils aufweisen. Am häufigsten kommen folgende Kombinationen vor:

Hydrogencarbonat-Wässer (durch Kalkgesteinschichten)
- Natrium-Calcium-Hydrogencarbonat
- Calcium-Natrium-Hydrogencarbonat
- Calcium-Magnesium-Hydrogencarbonat

Chlorid-Wässer (durch Kochsalzlager)
- Natrium-Calcium-Chlorid
- Calcium-Natrium-Chlorid
- Natrium-Calcium-Magnesium-Chlorid

Sulfat-Wässer (durch Gipsschichten)
- Natrium-Sulfat
- Calcium-Natrium- Sulfat
- Calcium-Sulfat

Hin und wieder werden sogar vier Bestandteile genannt. Auch der Begriff »Säuerling« für Mineralwasser mit über 250 mg/l Kohlensäure in der Quelle (nicht erst bei der Abfüllung) wird manchmal noch angehängt. Bei Heilwasser darf er erst bei 1000 mg/l in der Quelle verwendet werden. Auch der überhohe Fluoridanteil kann vorangestellt werden. So steht zum Beispiel bei der Leopoldsquelle aus Bad Rippoldsau auf dem Etikett: »Fluoridhaltiger Calcium-Natrium-Hydrogencarbonat-Sulfat-Säuerling«. Eine kaum zu identifizierende Insider-Deklaration, zu der man dem Laien nur empfehlen kann: »Fragen Sie Ihren Arzt oder Apotheker.«

Mehr und mehr Wässer gehen von diesem Bezeichnungswirrwarr wieder ab; bei den im- oder exportierten Marken gibt es diese Bezeichnungen ohnehin nicht. Für den Wassertrinker ist dagegen die Kohlensäure wesentlich interessanter. Fangen wir bei der Betrachtung der Inhaltsstoffe also mit dem »Gas« an.

Das perlende Gas: Kohlensäure

Nicht gerade ein einladendes Wort: Kohlensäure. Dennoch ist dieses Gas ein herausragendes Merkmal der Mineral- und Heilwässer. Es spielt eine große Rolle beim Trinkgenuß und geht von etwa 8 g/l bis zum völligen Fehlen. Jeder erlebt optisch, akustisch und geschmacklich die geheimnisvoll aufsteigenden Perlen. Doch dem Wasser in der geschlossenen Flasche sieht man seinen Kohlensäuregehalt nicht an. Da muß man schon das Etikett studieren, um Auskunft zu erhalten. Schlagartig entstehen die wohlbekannten »Bläschen« erst, wenn die Flasche geöffnet wird. Mächtig – viel gröber als die Gärungskohlensäure bei Sekt und Champagner – pulsieren die Perlenketten und steigen in der Flasche oder nach dem Eingießen im Glas rasant nach oben, halten sich teilweise kurz am Glasrand fest und verschwinden an der Oberfläche.

Hier sollten wir einfügen, daß stark perlendes Mineralwasser mit 7 bis 8 g/l eine Spezialität der Deutschen ist. In vielen anderen Ländern ist man mit wesentlich weniger Kohlensäure zufrieden oder schätzt die völlig kohlensäurefreien Wässer, die man, etwas ungenau aus dem französischen übersetzt, auch »platt« nennt. Gewöhnungsbedürftig für die deutsche Zunge sind diese Wässer ohne Zusatz von Kohlensäure allemal, auch wenn etwas natürliche Kohlensäure in jedem Wasser vorhanden ist. Sie kommen zumeist aus Frankreich, und nur wenige werden von inländischen Brunnen abgefüllt. Bei uns setzen sich weniger lebhafte Mineralwässer mit einem mittleren Kohlensäuregehalt von 2–4 g/l mehr und mehr durch. Inzwischen haben sie schon einen Marktanteil von über 25 Prozent.

Leider sind die Begriffe bei der Angabe des Kohlensäuregehalts etwas mißverständlich. Viele Brunnenbetriebe bezeichnen ihr in der Kohlensäure reduziertes Wasser als »still«, egal in welchem Umfang es reduziert wurde. Selbst bei der Qualitätsprüfung der DLG unterscheidet man lediglich zwischen kohlensäurehaltigem Wasser über 6 g/l und stillem Wasser unter 6 g/l. Bei 4 g/l oder 3 g/l kann man aber kaum von »still« sprechen, denn immer noch zeigt sich ein deutliches Perlenspiel. Wirklich still sind eben nur die »platten« Wässer, die keinerlei aufsteigende Kohlensäure mehr zeigen.

Nur wenige verwenden für die reduzierte Kohlensäure einigermaßen eindeutige Bezeichnungen wie »Medium«, »Urquelle – wenig Kohlensäure«, »Mit halbierter Kohlensäure«, »Mit halbsoviel Kohlensäure« oder ähnliches. Gerne werden hier phantasievolle Bezeichnungen wie »zart perlend«, »mit feinem Perlenspiel« oder ähnliches verwendet. Man darf sich jedenfalls als Käufer nicht wundern, wenn ein als »still« deklariertes Wasser spürbar perlt. Nach den Vorschriften muß der Kohlensäuregehalt nicht auf dem Etikett angegeben werden.

Doch es ist nicht verständlich, warum die Brunnenbetriebe zwar peinlich genaue chemische Analysen auf ihre Etiketten drucken, aber nur selten den für Verbraucher recht wichtigen Kohlensäuregehalt. Fachleute schlagen das seit langem energisch vor, und Verbraucherschützer fordern es ebenfalls nachdrücklich.

Wir müßten eine Chemielektion einlegen, um darzulegen, daß diese Perlen eigentlich keine Kohlensäure sind, sondern Kohlenstoffdioxid – nach der chemischen Formel CO_2. Das Lexikon besagt: »Ein farb- und geruchloses, schwach säuerlich schmeckendes Gas, das Atmung und Verbrennung nicht unterhält, so daß Flammen erlöschen. Seine Dichte ist 1,5mal so groß wie die der Luft, es sammelt sich daher leicht an vertieften Stellen in der Nähe seiner Entstehung, zum Beispiel in Erdschächten und natürlichen Höhlen.«

Nebenbei bemerkt, auch Trockeneis ist nur auf –78° C abgekühltes Kohlenstoffdioxid. Es wird bei dieser Temperatur fest und zu Blöcken gepreßt. Gießt man Wasser darauf, entstehen die bekannten Nebelschwaden, ohne die heute keine Show mehr läuft.

Speziell in vulkanischen Gebieten entwickelt sich in größerer Tiefe permanent Kohlensäure. Beim allmählichen Herabsickern des Regenwassers hilft sie, die Mineralien zu lösen und an das Wasser zu übergeben. Es hat einen steten Drang nach oben und steigt durch die Schichten auf. Wenn die darüberliegenden Schichten ein Entweichen unmöglich machen, bildet es dabei einen gehörigen Druck. »Sticht« man mit dem Bohrer in eine derartige »Druckkammer«, kommt vorhandenes Mineralwasser ohne Pumpe nach oben.

Nun ist die Menge des Gases, die im Wasser gebunden nach oben kommt, ziemlich unterschiedlich. Jedenfalls stimmt sie nur selten mit dem überein, was man verkaufen will und was der Markt verlangt. Aus technischen Gründen muß die Kohlensäure zum »Enteisenen« des Wassers (dem Herausholen des gelösten Eisens) zunächst entfernt und aufgefangen werden. Dann wird sie, falls gewünscht, wieder zugegeben und bei Bedarf mit gekaufter Fremdkohlensäure (aus Flaschen) ergänzt. Diese zusätzliche Kohlensäure stammt entweder aus Erdquellen oder sie wird auf andere Art technisch gewonnen. Chemisch ist sie von der aufgefangenen nicht zu unterscheiden. Wenn es auch keine übereinstimmenden Angaben über die Menge der Kohlensäure in einem Mineralwasser gibt, so muß doch ihre Herkunft klar auf den Etiketten deklariert werden, obwohl dies kein Qualitätskriterium ist. Die Angabe ist Bestandteil der Verkehrsbezeichnung für natürliches Mineralwasser.

Auf jeder Flasche muß die Kohlensäure mit folgenden Bezeichnungen beschrieben werden:

1. »Natürliches kohlensäurehaltiges Mineralwasser« ist ein Wasser, daß die gleiche Menge Kohlensäure in der Flasche hat wie am Quellaustritt, auch wenn der innerhalb technischer Toleranzen beim Enteisenen verlorengegangene Anteil durch eigene Quellkohlensäure ersetzt wird. Die Grenze für den Kohlensäuregehalt wird zwar nicht festgelegt, doch muß das Wasser »spontan und leicht wahrnehmbar Kohlendioxid freisetzen«.
2. »Natürliches Mineralwasser mit eigener Quellkohlensäure versetzt« ist ein Wasser dessen Kohlensäuregehalt in der Flasche höher ist als am Quellaustritt, wobei die Kohlensäure vollständig aus dem gleichen Quellvorkommen stammen muß. Das heißt, daß man Kohlensäure extra auffangen und zufügen muß, um dieses Ziel zu erreichen.
3. »Natürliches Mineralwasser mit Kohlensäure versetzt« ist schließlich ein Wasser, für das fremde Kohlensäure verwendet worden ist.

Eine Sonderbezeichnung darf noch zusätzlich angebracht werden: »Säuerling« oder »Sauerbrunnen«. Dazu müssen 250 mg/l natürlicher Kohlensäure in der Quelle enthalten sein, was eigentlich recht wenig ist. Nur wenn der Säuerling »aus einer natürlichen oder künstlich erschlossenen Quelle im wesentlichen unter natürlichem Kohlensäuredruck hervorsprudelt«, darf er sich mit dem Prädikat »Sprudel« schmücken.

Natrium + Chlorid = Kochsalz

Das Thema Natrium und Salz wurde in den letzten Jahren oft falsch dargestellt. Die Prise Salz, die man sich auf das Frühstücksei streut, ist meist mehr als in zwei Litern eines normal mineralisierten Wassers enthalten ist. Die moderne Medizin sieht Salz heute mit anderen Augen, und die Salzpsychose – die ihren Höhepunkt 1987 mit Hitlisten-Veröffentlichungen über den Gehalt verschiedener Wässer hatte – dürfte allmählich ausklingen.

Vor allem darf man den Natriumgehalt eines Wassers nicht separat betrachten. Natrium ist immer an ein anderes Mineral gebunden; in erster Linie an Chlorid, weiter an Hydrogencarbonat, Sulfat oder andere Anionen. Die Verbindung von Natrium mit Chlorid ergibt Kochsalz. Oft wird von Laien jedoch allein das Natrium verdammt. Mancher, der auf dem Flaschenetikett eine hohe Natriumangabe findet, versteht darunter Kochsalz. Auch in Veröffentlichungen kann man das lesen. Doch das ist schlichtweg falsch. Nehmen wir zum Beispiel das bekannte Überkinger, es enthält 990 mg/l Natrium und 100 mg/l Chlorid: Das ergibt aber nur etwa 165 mg/l Kochsalz.

Auf dem Etikett des Rogaska Heilwassers aus Slowenien wird die Rechnung so erklärt. Dort steht: »Natrium ist nicht gleich Kochsalz. Erst wenn Chlorid hinzukommt, entsteht Kochsalz (Natriumchlorid). Dabei bilden ca. 2,3 Teile Natrium und 3,5 Teile Chlorid 5,8 Teile Kochsalz.« Rogaska hat mit 1170 mg/l sehr viel Natrium, aber mit 50,8 mg/l verhältnismäßig wenig Chlorid. Bei über einem Gramm Natrium enthält dieses Wasser also nur 85 mg/l Kochsalz.

Ganz einfach läßt sich das rechnen, wenn man weiß, daß 100 Teile Kochsalz aus 60 Teilen Chlorid und 40 Teilen Natrium bestehen. Man muß also nur die Chloridmenge eines Wassers durch 0,6 teilen und hat so die Kochsalzmenge im Wasser. Wenn allerdings die Natriummenge nicht ausreicht, um sich mit dem vorhandenen Chlorid zu verbinden (weniger als 40 Prozent von Natrium und Chlorid zusammen), dann muß man einfach umgekehrt die vorhandene Natriummenge durch 0,4 teilen um die Kochsalzmenge zu ermitteln. Doch das kommt recht selten vor.

Viel ist gegen Natrium schon geschrieben worden. Vor allem soll es blutdrucksteigernd wirken. Neuere Forschungen haben längst nachgewiesen, daß Natrium-Hydrogencarbonat-Wässer den Blutdruck sogar zu senken vermögen. Eine internationale Studie besagt, daß weniger das Kochsalz für erhöhten Blutdruck verantwortlich ist, als vor allem Übergewicht, mangelnde körperliche Betätigung und übermäßiger Alkoholgenuß. Als sensationell wurde die Beobachtung empfunden, daß bei Bluthochdruckkranken, die sich natriumarm ernähren, sich wiederum der Cholesteringehalt im Blut erhöht. Generell kann gesagt werden, daß Natrium nur zusammen mit Chlorid blutdrucksteigernd wirken kann, jedoch allein bei hoch salzempfindlichen Patienten. Natrium in Verbindung mit Hydrogencarbonat dagegen führt selbst bei salzempfindlichsten Hypertonikern nicht zu einer Blutdruckerhöhung, sondern senkt ihn, besonders, wenn noch Kalium, Magnesium und Calcium mit eine Rolle spielen. Ein guter Grund für manche, die Analysen eines häufig getrunkenen Wassers genauer zu beachten. Es gibt eine ganze Reihe von Wässern, bei denen der Chloridanteil wesentlich unter dem Natriumanteil liegt und Hydrogencarbonat gleichzeitig hoch dosiert ist.

Natriumchlorid, sprich Kochsalz, in normalen Maßen, und vor allen Dingen in den relativ geringen Mengen, in denen wir es mit einem Mineralwasser aufnehmen, kann als Gesundheitsfaktor im allgemeinen vernachlässigt werden. Andererseits gibt es Situationen, die eine erhöhte Salzaufnahme sogar erfordern. Denken wir nur an einen Leistungssportler, der in einem mehrstündigen Tennismatch bis zu vier Litern Schweiß absondert und damit auch viel Salz. Wenn dieser Sportler ein natriumchloridarmes Wasser trinken würde, bekäme er wahrscheinlich einen Kollaps. Dieses Wasser würde beim »Durchlauf« durch den Körper sogar noch vorhandenes Salz mitnehmen, und eine sogenannte Wasservergiftung wäre die Folge.

Nicht nur Sportler müssen die »verspielten« Mineralien ergänzen. Ähnlich ist es bei Hitzearbeitern, zum Beispiel den Männern am Hochofen, bei intensivem Saunabesuch und bei Fieberkranken. Wie bei einem Fußmarsch durch die Wüste ist in solchen Situationen vor allem die Ergänzung von Salz unerläßlich. Neben entsprechender Nahrung oder sogar Salztabletten sind stark natrium- und chloridhaltige Mineralwässer das optimale Getränk. Übrigens spüren sehr sensible und geschulte Zungen salzigen Geschmack bei einem Mineralwasser erst ab etwa 300 mg/l Natriumchlorid. Es gibt aber nur wenige Wässer, die einen so hohen Natriumchloridgehalt haben. Man muß also schon sehr viel trinken, um diese Mineralien zu ergänzen. Die folgende Tabelle zeigt die extremen Werte, die beim Natrium auftauchen können und welche völlig unterschiedlichen Kochsalzwerte zusammen mit Chlorid entstehen.

	Natrium mg/l	Chlorid mg/l	Kochsalz g/l
Bad Mergentheimer Albertquelle*	12830	16520	27,5
Bad Mergentheimer Karlsquelle*	4795	6382	10,6
Nürtinger Heinrichsquelle*	3382	446	0,7
Staatl. Bad Kissinger Maxbrunnen*	2333	3832	5,8
Kaiser Friedrich Quelle	1390	746	1,2
Aachener Kaiserbrunnen	1315	1501	2,5
Überkinger	1015	89	0,1
Heppinger*	856	245	0,4
Arienheller Brunnen	620	295	0,5
Staatl. Fachingen*	535	122	0,2
Apollinaris	504	168	0,3
Selters	368	359	0,6
Luisen Brunnen	265	379	0,6
Gerolsteiner Sprudel	128	39	0,1
San Pellegrino	42	71	0,1
für Säuglingsnahrung unter 20 mg/l			
Perrier	14	31	
Volvic	8	8	
Vittel	4	–	
Finkenbach Quelle	0,8	–	

* = Heilwasser

Begriffe wie »natriumarm« auf ein Wasseretikett zu schreiben, ist nicht sonderlich informativ: »natriumchloridarm« oder »kochsalzarm« wäre, wenn schon, sicher besser. Doch das sehen die EU-Richtlinien und die Mineralwasser-Verordnung nicht vor.

Chlorid

Die Verbindung dieses Minerals mit Natrium haben wir ausführlich behandelt. Chlorid tritt immer vereint mit Natrium oder Kalium auf. Das lebenswichtige Trio sorgt für die Regulierung unseres Flüssigkeits- und Säure-Basen-Haushalts sowie für die Aktivierung einiger Enzyme. Auch bildet es zusammen mit Wasserstoff im Magen die für die Verdauung unerläßliche Magensäure. Wenn das tägliche Wasser chloridarm sein sollte, ist dies kein Problem. Durch die Salzaufnahme mittels der täglichen festen Nahrung ist der menschliche Bedarf ohnehin ausreichend gedeckt.

Magnesium

Magnesium wurde von vielen Gesundheitsaposteln in der letzten Zeit stark in den Vordergrund gerückt. Ernährungsphysiologisch ist es tatsächlich ein ungewöhnlich wichtiges Mineral. Ein Aufbaustoff für den menschlichen Körper, der in den meisten Zellen, vor allem im Skelett, vorkommt und mitverantwortlich ist für eine gute Knochensubstanz. Magnesium ist an mehr als 300 Stoffwechselfunktionen beteiligt. Es ist hilfreich beim Kohlenhydrat- und Eiweißstoffwechsel, der die Muskelarbeit unterstützt, die Blutgerinnung fördert und viele Enzyme aktiviert. Als Vorbeugungsmittel gegen Herzinfarkt schreibt man dem Magnesium ebenfalls große Wirkungen zu. Wenn es in der Ernährung fehlt, kann ein Magnesiummangelsyndrom auftreten. Aber man kann es in Form von Brausetabletten in jedem Supermarkt kaufen.

Die empfehlenswerte tägliche Magnesiummenge liegt bei 300 mg (für eine Frau) und 350 mg (für einen Mann). In der Schwangerschaft, beim Stillen, bei körperlich anstrengender Tätigkeit – vor allem Leistungssport – und bei hohem Alkoholkonsum ist der Bedarf erhöht. Außerdem sollte man Magnesium verstärkt bei eiweiß- und fettreicher Ernährung zu sich nehmen.

Mit den »richtigen« Nahrungsmitteln wie Nüssen, Weizenkeimen, Kakao, Bananen, Spinat etc. kann man meist den Bedarf decken. Doch es gibt auch einige Mineralwässer mit recht hohem Magnesiumanteil. Der Anteil geht von 0 bis etwa 140 mg/l – ab 50 mg/l darf der Gehalt sogar auf dem Etikett ausgelobt werden. Nur ganz wenige Wässer liegen über 140 mg/l, so die Nürburg Quelle mit 337 mg/l, was ja in etwa dem Tagesbedarf entspricht. Abgesehen von einigen Heilwässern sind aber unter anderen auch die Mineralwässer Dauner (173 mg/l), Rhodius Fellbuhr (150 mg/l), Tönissteiner (141 mg/l), Rosbacher Ur-Quell (132 g/l), Gerolsteiner (108 g/l) und Apollinaris (100 mg/l) ideal zur »Magnesiumauffüllung«. Den Weltrekord hält das ungarische Wunderwasser Hunyadi Janos mit 2242 mg/l. Doch eine Aufnahme dieser Menge dürfte illusorisch sein. Dieses Wasser verläßt den Körper recht schnell und mächtig abführend. Nennen wir deshalb als stärksten Magnesiumlieferanten das Rogaska-Quell Heilwasser, das mit 859 mg/l schon deutlich über den meisten anderen liegt.

Bei allem Wert des Magnesiums sollte man berücksichtigen, daß fett-, eiweiß- und calciumreiche Ernährung die

Resorption dieses wertvollen Minerals behindert. Als Tischwasser ist ein magnesiumhaltiges Wasser also weniger interessant als wenn man es auf nüchternen Magen, vor den Mahlzeiten oder als Nachttrunk zu sich nimmt.

Calcium

Ebenfalls ein lebenswichtiges Mineral für uns; es muß permanent ergänzt werden, da es vom Körper nicht selbst gebildet werden kann. Das körpereigene Kalzium (wissenschaftlich = Calcium) ist zu 99 Prozent in den Knochen und Zähnen gebunden, zu deren Aufbau und Härtung es wesentlich beiträgt. Wie Magnesium ist es für die bessere Blutgerinnung und Sensibilisierung der Nerven und Muskeln verantwortlich, wirkt entzündungshemmend und antiallergisch. Daß es bei Unterversorgung mit Calcium zu erheblichen gesundheitlichen Beeinträchtigungen kommen kann, sei besonders hervorgehoben. Knochenschwund, Krämpfe, Herzbeschwerden, Buckelbildung sind einige Indikationen. Die optimale Tagesmenge liegt für Frauen bei 750–800 mg und für Männer bei 1000–1500 mg.

Es gibt ziemlich viele Mineralwässer mit Calciumwerten bis über 600 mg/l. Etwa die Hälfte hat über 150 mg/l, dem Wert, ab dem die Angabe »calciumhaltig« auf dem Etikett gemacht werden darf.

Kalium

Ein anderer recht häufiger Inhaltsstoff ist Kalium. Es ist der Gegenspieler des Natriums und bewirkt, daß jenes Wasser, das durch Natrium im Körper gebunden wird, vom Kalium wieder »weggeschafft« wird.

Im Mineralwasser findet man dieses wichtige Lebenselement nur in wenigen Milligramm bis etwa 100 mg/l. Lediglich Bad Mergentheim fällt auch hier wieder mit extremen Werten auf, die wundersame Albertquelle bringt als Rekord gleich 322 mg/l auf die analytische Waage und die Karlsquelle als Nr. 2 immerhin 103 mg/l. Danach folgen zwei Bad Kissinger Wässer, und auch Heppinger Heilwasser liegt mit 53 mg/l noch bei den recht hohen Werten.

Kalium ist besonders für die Zellen wichtig, in denen es zu 98 Prozent angesiedelt ist. Es bewirkt, daß sich Muskeln, einschließlich dem Herzmuskel, und Nerven überhaupt entspannen können. Vor allem ist Kalium der Regulator unserer

Körperflüssigkeit. Wer seinen Körper genau beobachtet und ein wenig rechnen möchte, sollte stets etwas mehr Kalium als Natrium zu sich nehmen. Da fast ausnahmslos alle Mineralwässer mehr Natrium als Kalium aufweisen, teils viel mehr, ist dieser ärztliche Ratschlag nur über die Nahrung zu erreichen. In vielen Früchten, Nüssen, Avocados und Kartoffeln kommt es vor.

Sulfat

Von 0 bis über 20 g/l gibt es jeden Sulfatgehalt in unseren Wässern. Auch in dieser Beziehung ist das ungarische Hunyadi Janos mit 21 g/l führend. Ein Glas morgens auf nüchternen Magen getrunken, hat einen durchschlagenden Erfolg. Aber auch die Bad Mergentheimer Albertquelle ist mit ihren 7,3 g/l nicht zu verachten. Weitere »Sulfatriesen« sind die Nürtinger Heinrichsquelle (4,4 g/l), die Bad Mergentheimer Karlsquelle (3,9 g/l), der Bad Hersfelder Vitalisbrunnen (2,8 g/l) und die Nürburgquelle (2 g/l). Immerhin haben etwa drei Dutzend deutscher Wässer mehr als 1 g/l von diesem wichtigen Mineral.

Sulfat wird vom Körper nicht aus Mineralwasser aufgenommen; er deckt seinen notwendigen Bedarf aus dem Nahrungseiweiß. Der Mineralstoff entzieht dem Körper Wasser und »quillt« gewissermaßen im Darm auf. Daher die abführende »laxative« Wirkung. Generell fördert die Schwefelverbindung den Leberstoffwechsel, wirkt entgiftend, steigert die Festigkeit von Haar, Nägeln und Haut, den Aufbau von Knorpelmassen und ist im Bedarfsfall für eine gute Blutgerinnung wichtig.

Hydrogencarbonat

Ein Inhaltsstoff des Mineralwassers, der eigenartigerweise in der Literatur gerne vernachlässigt wird. Vielleicht, weil es ihn so reichhaltig im Wasser gibt und weil ein Mangel im Körper nicht vorkommt; er bildet es selbst. Es gibt kaum ein Wasser, in dem Bicarbonat, wie es auch genannt wird, fehlt. Selbst wenn nur wenige Milligramm enthalten sind, Hydrogencarbonat ist dabei, meist nimmt es sogar den größten Teil bei den Anionen ein. Das kann bis zu knapp vier Gramm gehen, wie bei der Nürburg Quelle; ein bis zwei Gramm kommen schon recht häufig vor. Besonders wenn das Wasser Kalkgesteinschichten durchläuft, nimmt es diesen Stoff gerne auf. Meist kommt er in Verbindung mit Natrium, Calcium und Magnesium im Wasser vor.

Im Körper entfaltet Hydrogencarbonat eine alkalisierende Wirkung. Es reguliert den Säure-Basen-Haushalt, wirkt positiv auf die Magen-Darm-Funktionen und beseitigt Verdauungsstörungen. Säureüberschüsse (Sodbrennen), speziell im Magen, werden mit Wässern über 1300 mg/l Hydrogencarbonat optimal bekämpft, speziell, wenn es kohlensäurearme oder -freie sind. Mehrere Gläser davon getrunken, und die erleichternde Wirkung kann kaum ausbleiben.

Das Kleingedruckte auf jeder Flasche folgt einheitlichen Regeln.

Auf Spurensuche

Von Spurenelementen hat sicher jeder schon gehört. Sie sind für zahlreiche Körperfunktionen wichtig. Im Mineralwasser und Heilwasser können Dutzende solcher Spurenelemente vorkommen. (Ab bestimmten Mengen können sie allerdings auch schädlich sein.) Zusammen mit den Mineralien kann ein gut ausgerüstetes Laboratorium – wie das führende private Institut Fresenius – über 200 verschiedene Stoffe in einem Wasser feststellen. Selbstverständlich werden nicht alle diese Inhaltsstoffe unentwegt untersucht, denn einmal ändert sich ein Wasser nicht grundlegend, sondern nur im Rahmen von natürlichen Schwankungen und zum anderen gehören dazu aufwendige und kostspielige Methoden wie die Gaschromatographie, die Massenspektometrie, die Atomabsorption usw. Die wichtigsten Spurenelemente sind in der folgenden Tabelle angegeben, wobei die Zahlen gesetzlich vorgeschriebene Höchstwerte darstellen, die keinesfalls überschritten werden dürfen.

	Mineralwasser mg/l	Quell-, Tafel-, abgepacktes Trinkwasser mg/l
Arsen	0,05	0,04
Cadmium	0,005	0,005
Chrom	0,05	0,05
Quecksilber	0,001	0,001
Nickel	0,05	0,05
Blei	0,05	0,04
Antimon	0,01	0,01
Selen	0,01	0,01
Borat	30	
Barium	1	
Cyanide	0,005[1]	0,05
Nitrate	25[1]	50
Nitrit	0,05[1]	0,1

1) freiwilliger Grenzwert; nicht gesetzlich vorgeschrieben

Weiterhin kommen in vielen Mineralwässern vor: Aluminium, Cäsium, Germanium, Kupfer, Mangan, Molybdän, Rubidium, Silber, Thallium, Uran, Zinn, Zink und andere. Das klingt fast wie das Angebot einer Metallwarenhandlung. Was irgendwie in der oberen Erdschicht vorkommt, findet man schließlich – und sei es in geringsten Spuren – auch im Mineralwasser wieder.

Wenngleich der Begriff »Spuren« auch gleichzusetzen ist mit winzigen, im Wasser oder im Körper kaum vorhandenen Mengen, so gelten 15 von ihnen sogar als lebensnotwendig: Es sind »funktionsfördernde Nahrungsinhaltsstoffe«, die in alle Stoffwechselvorgänge positiv eingreifen.

Um diese »Spuren« zu suchen, zu entdecken und genau zu »wiegen«, sind höchst komplizierte Untersuchungsmethoden nötig, die nur von speziell eingerichteten Laboratorien durchgeführt werden können. Neben dem Nachweis bereits bekannter Inhaltsstoffe arbeiten diese Laboratorien mit Biologen und Medizinern zusammen, um immer weiter in diese komplexe Materie einzudringen, denn noch längst ist nicht alles restlos erforscht. Hier wollen wir nur die wichtigsten kurz vorstellen:

Eisen

Mit über 50 mg Eisen je kg Körpergewicht käme bei einer normalgewichtigen Person schon ein kleiner Eisennagel »zustande«. Eisen ist im menschlichen Körper in ionischer Form verteilt. Es wird für die Bildung der roten Blutkörperchen benötigt. Besonders während der Schwangerschaft ist deshalb auf eine ausreichende Zufuhr dieses Spurenelements zu achten.

Eisen ist in fast allen Mineralwässern enthalten, da dieses Element auf der Erde in großen Mengen vorhanden ist. Nur hat dieses *gelöste zweiwertige Eisen* die Eigenheit, sich bei Luftkontakt in *dreiwertiges Eisen-Hydroxid* zu verwandeln. Das bedeutet, daß es regelrecht »verrostet«. Ein zunächst bei der Förderung kristallklares Wasser bekommt rotbraune, flokkige Ausfällungen. Eisen, das von bestimmten Mengen an auch geschmacklich hervortritt, darf deshalb neben Mangan und Schwefel aus dem Mineralwasser entfernt werden.

Einige Mineral- und vor allem Heilwässer werden mit dem ursprünglichen Eisengehalt abgefüllt. Entweder ist der Gehalt so gering, daß er »optisch« nicht stören würde, oder man will das Wasser keinesfalls in seiner Ursprünglichkeit beeinträchtigen und um nicht »enteisent« auf die Flasche schreiben zu müssen.

Eisen ist also ein wertvoller Bestandteil, der ab 1 mg/l sogar auf dem Etikett mit der Bezeichnung »eisenhaltig« ausgelobt werden darf. Zweiwertiges, also nichtoxydiertes Eisen, ist aber offenbar sehr schwer in die Flasche zu bekommen, denn nur wenige Wässer sind »eisenhaltig«.

Hier nun eine Liste der »eisernen Riesen« und ein paar der seltenen Zwerge – die Eisen überhaupt enthalten:

	Eisengehalt mg/l
Lamscheider Stahlbrunnen HW	24,80
Thauma-Eisen-Heilquelle HW	24,20
Staatl. Bad Kissinger Luitpold HW	15,10
Bad Mergentheimer Albertquelle HW	12,67
Staatl. Bad Kissinger Rakoczy HW	10,90
Schwollener Sprudel	5,22
Oberselters	2,20
Staatl. Fachingen HW	1,30

(HW = Heilwasser)

Korrekterweise sollte bei eisenhaltigen Wässern angegeben werden, um welches Eisen es sich handelt, also um zweiwertiges (wertvolles) oder dreiwertiges (nutzloses), und einige Brunnen schreiben das auch so auf ihre Etiketten.

Fluorid

Bis zu zehn Gramm hat der Mensch davon im Körper, und zwar fast ausschließlich in den Knochen und den Zähnen. Dieses Spurenelement ist für den Zahn- und Knochenaufbau unerläßlich, vor allem aber für die Kariesprophylaxe (bei Kindern und Jugendlichen). Schon kleinste Mengen genügen da völlig. Die Anteile schwanken stark von Quelle zu Quelle und tendieren eher zu äußerst geringen Anteilen. Ab 1 mg/l darf »fluoridhaltig« auf dem Etikett stehen; ab 1,5 mg/l muß es aufgeführt werden. Bei über 5 mg/l ist sogar der Hinweis vorgeschrieben, daß ein derartiges Wasser wegen des erhöhten Fluoridgehaltes nur in begrenzten Mengen getrunken werden sollte.

Nachdem im Leitungswasser dieser wichtige Stoff nicht enthalten ist beziehungsweise nicht zugeführt wird, weil die Meinungen über den Wert noch auseinandergehen, und weil

Die Abfüllanlagen werden immer größer und laufen immer schneller. Zigtausende Flaschen können damit in einer Stunde abgefüllt werden. Nun, der Durst der Deutschen wird ja auch immer größer. Zur Zeit trinken wir schon über 100 Liter Mineralwasser pro Jahr, das sind insgesamt fast 11 Milliarden Flaschen.

biologische Wirkung und Toxizität mengenmäßig so eng beieinander liegen, kann jeder selbst durch große Auswahl geeigneter Mineralwässer für eine optimale Aufnahme des Elements sorgen. Bei Kindern bis zu einem Jahr gelten 0,5 mg/l, bei Fünfzehnjährigen bis 2,5 mg/l und bei Erwachsenen 4 mg/l, täglich dem Körper zugeführt, als kariesprophylaktisch.

Diesen extrem hohen Anteil an Fluorid haben aber nur sehr wenige Wässer, so enthält die St. Lambertus Altmühltaler Heilquelle 5,1 mg/l, Schwollener Sprudel 4,2 mg/l, Redinger 3,9 mg/l, Kisslegger 3,5 mg/l, Rippoldsauer 2,4 mg/l, Überkinger 2,3 mg/l, Oberselters 2,2 mg/l und Okertaler 2,1 mg/l. Viele enthalten überhaupt kein Fluorid und die meisten nur in so kleinen Mengen, daß man schon täglich zwei bis drei Flaschen trinken müßte, um seinen notwendigen Bedarf zu decken. Man wird also nicht umhinkommen, auch fleißig Fisch (besonders Hering und Seelachs) zu essen.

Iodid

Das Spurenelement Iodid (volkstümlich Jod genannt) ist selbst in kleinsten Mengen für die Schilddrüse wichtig und fehlt oft in meeresfernen Gebieten, in denen weniger Seefisch verzehrt wird. Um diesen Mangel, der zu Kropfbildung und zur Verminderung des Energiehaushalts führt, mittels Wasser auszugleichen, müßte man regelmäßig ein Heil- oder Mineralwasser mit ausgesprochen hohem Iodidgehalt trinken. Doch allzu viele gibt es davon nicht. Hier eine Liste der deutschen Wässer mit überdurchschnittlich hohem Gehalt:

	mg/l
Kaiser Friedrich Quelle, Offenbach[1]	150
Azur, Bad Vilbel	50
Emsland Quelle, Haselüne[1]	40
Mercator Quelle, Wesel[1]	40
Kaiser Ruprecht Quelle HW, Rhens	40
Trajanus Quelle HW, Bad Hönningen	40
Arienheller, Bad Höningen	30
Selzer Brunnen, Bad Vilbel	30
Römer Brunnen HW, Bad Vilbel	30
Sylt Quelle, Rantum	29

HW = Heilwasser, [1] alle Sorten

Verschiedene Spurenelemente

Chrom ist maßgeblich am Zucker- und Fettstoffwechsel beteiligt.

Kobalt ist ein wichtiger Bestandteil des Vitamins B 12, das für die Blutbildung unerläßlich ist.

Kupfer ist ebenfalls für die Blutbildung zuständig, vor allem für den Aufbau des Farbstoffes der roten Blutkörperchen. Auch bestimmte Leber- und Nervenfunktionen werden davon unterstützt.

Lithium soll kreislaufstützend wirken und in die psychische Stimmung eingreifen. Lithiummangel soll sogar Depressionen verursachen.

Mangan ist in den Knochen, in der Leber, der Bauchspeicheldrüse und den Nieren angesiedelt und übt gewisse Stoffwechselfunktionen aus. Auch soll es an der Bildung von Blutgerinnungsfaktoren beteiligt sein.

Molybdän ist Bestandteil vieler Enzyme. Ohne dieses Element wäre kein Eiweißstoffwechsel möglich.

Nickel stabilisiert die Blutgerinnung und wirkt mit im Kohlehydratstoffwechsel. Nickelmangel stört die Eisenverwertung im Körper.

Phosphor ist besonders in Knochen und Zähnen vorhanden und am Aufbau von Enzymen beteiligt. Bedeutsam für die Energiegewinnung und als Baustein der Nucleinsäuren.

Selen stärkt die Abwehrkräfte und nimmt Einfluß auf den Alterungsprozeß. Auch soll es die Entstehung von Krebszellen verzögern.

Sizilium (Kieselsäure) baut Knochen mit auf. Es fördert die Bildung von Bindegewebe und Knorpeln. Es kann den Alterungsprozeß der Gelenke, Arterien und des Bindegewebes verlangsamen.

Vanadium soll Zahn- und Knochenaufbau positiv beeinflussen und Einfluß auf den Fettstoffwechsel haben.

Zink wirkt bei der Wundheilung und Immunfunktion mit, außerdem beeinflußt es den Säure-Basen-Haushalt und den Stoffwechsel. Für das Wachstum ist es unerläßlich. Zinkmangel kann zu Appetitlosigkeit führen.

Unerwünschte Inhaltsstoffe

Immer wieder geistern durch die Medien Berichte über Inhaltsstoffe von Mineralwässern, die angeblich schädlich sein sollen. In größeren Tiefen, aus denen ja Mineralwässer hochgeholt werden, gibt es solche Stoffe, meist in unbedeutenden Mengen. Sie sind geogen, stammen also ohne menschliches Zutun aus der Erde selbst.

Es sind meist metallische Substanzen, die mit ihren erlaubten Grenzwerten vorherstehend schon in einer Tabelle vorgestellt wurden.

Vor einigen Jahren wurden Verbraucher und auch Brunnenbetreiber in helle Aufregung versetzt, weil eine Zeitschrift mit recht umstrittenen Untersuchungsmethoden in vielen Mineralwässern überhöhte Nitrat- und Natriumwerte festgestellt und gleichzeitig vor deren schädlichen Auswirkungen gewarnt hatte.

Der Gesetzgeber schreibt füt Nitrat als Höchstwert maximal 50 mg/l für Quell- und Tafelwasser vor, für Mineralwasser hat man sich auf einen freiwilligen Höchstwert von 25 mg/l geeinigt. Das Vertrauen zum Mineralwasser ist inzwischen wiederhergestellt und das Thema Nitrat vom Tisch. Es gibt aber einige Wässer, die mit fehlendem Nitrat und Nitrit werben und dies auch auf das Etikett drucken.

Nitrit ist im Mineralwasser noch unerwünschter. Es entsteht aus Nitrat. Hier ist sogar ein Grenzwert für Quell- und Tafelwasser von nur 0,1 mg/l vorgeschrieben. Überhöhter Gehalt kann bei Säuglingen Blausucht verursachen. Im Magen können sich außerdem Nitrite mit Aminen zu Nitrosaminen, einem krebserzeugenden Stoff, vereinen, doch die Mengen, die im Mineralwasser vorkommen können, sind absolut unbedenklich. Ähnlich steht es mit Ammonium, Strontium und anderen Stoffen, die nur in Spuren vorkommen können und nie die Qualität eines Wassers beeinträchtigen.

Selten kommen auch »überirdische« Verunreinigungen vor. Spektakulär war die Rückholaktion von Millionen Flaschen eines bekannten Mineralwassers wegen eines bei der Abfüllung hineingeratenen Fremdstoffes. Manchmal passiert etwas bei der Reinigung zurückkommender Flaschen. Bei sogenannten »Winterflaschen« sind beispielsweise Limonadenreste eingetrocknet, und die Reinigungsmaschinen schaffen es trotz kräftiger Spülgänge mit Ätzlauge und Wasser nicht, sie total zu reinigen. Doch das sind vereinzelte Ausnahmen, die keinem die Freude am Mineralwasser nehmen sollten.

DER UMGANG MIT DEM WERTVOLLEN NASS

Die Verpackung

Mineralwasser muß am Quellort abgefüllt werden und in dem dabei verwendeten »Gebinde« bis zum Endverbraucher gelangen. Ein Umfüllen auf andere Behältnisse ist strengstens untersagt. In der Verordnung klingt das einfach und klar so: »Natürliches Mineralwasser, das nicht unmittelbar nach seiner Gewinnung oder Bearbeitung verbraucht wird [das ginge ja nur, wenn man es an der Quelle trinken würde], muß am Quellort abgefüllt werden.« Es darf »...nur in zur Abgabe an Verbraucher ... bestimmten Fertigpackungen in den Verkehr gebracht werden«. Und das ist überwiegend eine funkelnde Glasflasche, neu und steril aus der Glasfabrik oder hygienisch einwandfrei gespült.

Die Flasche der Flaschen

Bis vor etwa 125 Jahren wurde Mineralwasser in dickwandigen Tonkrügen zum Verbraucher transportiert. Das war unpraktisch und kostspielig. Verschlossen waren diese Krüge mit Korken, die, vor allem bei warmem Wetter, nur hielten, wenn sie verschnürt und versiegelt wurden. Auch »ging der Krug nur solange zum Brunnen, bis er brach«. Es folgte die allmähliche Einführung der Hebelverschlußflasche, die noch bis in die Nachkriegszeit ihren Dienst tat. Beim Bier taucht sie vereinzelt wieder als nostalgisches Element auf.

Anfang der siebziger Jahre wurde die Brunneneinheitsflasche für Mineralwasser und die daraus hergestellten Getränke eingeführt. Sie hat sich seitdem in erstaunlicher Weise durchgesetzt. 70 Prozent des Gesamtabsatzes der deutschen Mineralbrunnen werden in der Einheitsflasche verkauft, von denen jede einzelne durchschnittlich 40- bis 50mal ihren Weg von der Quelle zum Verbraucher macht. Nur ein paar exportfreudige und überregional verbreitete Marken haben Abstand von dieser Flasche genommen.

Die Brunneneinheitsflasche vermittelt bei aller Unterschiedlichkeit der Etiketten ein vertrauenerweckendes Image, von dem alle Mitglieder des Brunnenverbandes profitieren. Gefüllt werden dürfen die Flaschen natürlich nur mit Mineralwasser oder daraus hergestellten Erzeugnissen. Die Einheitsflasche ist in der unglaublichen Menge von 2,2 Milliarden Stück in fast 200 Millionen Kunststoffkästen im Umlauf. Das bringt viele Vorteile im komplizierten Pfandgeschäft. Getränkehändler, Supermärkte, Gastronomen und Verbraucher – jeder kann jede dieser Flaschen ohne Rücksicht auf Marke und Herkunft im Einheitskasten anstandslos zurückgeben oder -nehmen. Leergut muß also nicht wie früher zeitraubend nach Marken sortiert werden. Und am Rande sei erwähnt, daß jährlich immerhin 10000 Tonnen Aluminium und 4500 Tonnen Polyäthylen von den Verschlüssen recycelt werden. Deshalb soll man die Verschlüsse auch immer auf der Flasche lassen – außerdem schützen sie die Flaschengewinde.

Modernes Design hält Einzug

Doch die Zeit geht weiter, und ein wenig bröckelt die Front der Einheitsflasche. Nachdem ausländische Marken, wie Ramlösa, Ty Nant, Hildon, mit teils schön, teils eher auffällig gestylten Flaschen auf den bundesdeutschen Markt kamen, setzt sich auch bei uns die »spezielle« Flasche immer mehr durch. Der breite Absatz wird zwar immer noch in der Einheitsflasche getätigt, doch viele Firmen haben Designer beauftragt, »mal was Neues« zu kreieren. Was dabei herauskam und -kommt, kann man täglich vor allem in der Gastronomie beobachten. Speziell für sie werden nämlich diese besonderen Formen und Farben geschaffen. Offenbar geniert man sich ein wenig mit der altgedienten Einheitsflasche und verspricht sich Absatzzuwachs durch eigenwilliges tischfeines Design und buntes Glas. Manche dieser neuen Gebinde sind so hochwertig, wie etwa das der Bad Camberger Taunusquelle, daß es Leute geben soll, die in die einmal in der Gastronomie ergatterte Karaffenflasche mit Stöpsel zu Hause anderes Mineralwasser einfüllen, wenn Besuch angesagt ist.

Kunststoff – ja oder nein?

Neben den Einheitsflaschen gibt es noch ein anderes Behältnis, über das in der letzten Zeit sehr viel und kontrovers, diskutiert wurde. Es ist die Kunststoffflasche, in der viele ausländische kohlensäurefreie Mineralwässer, speziell die französischen, auf den Markt kommen. Bei uns tut man sich mit der PET-Flasche (Polyethylenterephtalat) noch etwas schwer. Das sonst einige Lager ist gespalten. Die Branchenriesen, allen voran Gerolsteiner, wollen den Vorreiter spielen und liebend gerne die leichte, den Verpackungsaufwand um 92 Prozent(!) reduzierende und (angeblich) bis zu 25mal den Umlauf aushaltende PET-Flasche einführen. Für die kleinen Brunnen ist die Investition in -zigfacher Millionenhöhe jedoch nicht tragbar. Außerdem ist das Problem der geschmacklichen Neutralität nicht gelöst. War einmal Limonade in der PET-Flasche, ist sie für Mineralwasser unbrauchbar.

Über die Einführung der Kunststoffflasche auch in Deutschland wird noch sehr kontrovers diskutiert.

»Wasseranwendungen«

Mineralwasser kann man nicht ohne weiteres gegen den großen Durst trinken. Man spürt schnell, daß man die kohlensäurereichen Wässer nicht so schnell hinunterstürzen kann wie die stillen. Die Kohlensäure ist eine Bremse, die den Sturztrunk verhindert. Für den Genuß des Mineralwassers gibt es keine weiteren »Vorschriften«. Aber es gibt Tips und Verwendungsmöglichkeiten.

Mineralwasser schmeckt, auf Kühlschranktemperatur gebracht, am besten, und ist so auch bekömmlich. Mit Temperaturen unter 5° C ist es schon weniger magenfreundlich, und – auf amerikanische Art –, fast auf den Gefrierpunkt gekühlt, schmeckt es genausowenig, als wenn man es zimmerwarm trinkt. Heilwässer, kurmäßig angewendet, sollten allerdings zimmerwarm (18 bis 20° C) in kleinen Schlucken getrunken werden.

Wasser bei Tisch

Aus welchem Gefäß man Mineralwasser trinkt, spielt letztlich keine große Rolle, wenn man großen Durst hat. Doch an der gepflegten Tafel verdient das wertvolle Mineralwasser stilgerechte Gläser.

In den Serien der bekannten Glashütten gibt es häufig auch ein Wasserglas. Es ist meist zylindrisch und weniger hoch als die Weingläser. Manchmal ist es oben konvex, selten aber kehrt sich der Rand nach innen, denn eine Blume wie beim Wein gibt es beim Mineralwasser nicht.

Mehr und mehr setzt sich auch bei uns durch, daß zu einer Mahlzeit Mineralwasser serviert wird. Neben den verschiedenen Weinen wird der aufmerksame Gastgeber dafür sorgen, daß das Mineralwasser nicht ausgeht. Außerdem gehört Wasser zu einigen Gerichten, mit denen Wein kaum harmoniert, zum Beispiel zu einem säuerlich angemachten Salat und zur Suppe, zu der nach klassischen Regeln kein Wein serviert wird.

Zu klären ist natürlich, ob die Gäste das Wasser lieber »still«, mit reduzierter oder mit lebhaft sprudelnder Kohlensäure bevorzugen. Stilles Wasser ist manchem deutschen Gaumen zu »lahm«, andererseits ordnet es sich besser unter. Viel Kohlensäure ist anderen zu vordergründig. Doch wir ha-

ben ja die Wahl: Am besten zum Essen sind sicher die moderat perlenden Wässer. Auch beim Mineralgehalt kann man zurückhaltend sein; Salz und andere Mineralien nimmt man mit dem Essen genug auf.

Hier noch ein Wort zu der leidigen Zitronenscheibe, die so mancher Kellner ins Mineralwasser gibt, damit es nach »etwas aussieht«. Die Zitrone verfälscht den reinen Geschmack des Wassers, besonders durch das Öl in der Schale. Zumindest sollte der Service fragen, ob sie gewünscht wird.

Immer häufiger werden in der gehobenen Gastronomie Wasserkarten vorgelegt. Für den Gastronomen eine gute Möglichkeit, sich zu profilieren, und für den anspruchsvollen Gast eine Möglichkeit, diesen wichtigen Teil eines Menüs nach Wunsch gestalten zu können.

Mineralwasser in der Bar

»Whisky mit Soda« ist das Standardgetränk jeder Bar. »Soda« ist aber nichts anderes als ein kohlensäurehaltiges Tafelwasser mit einem erhöhtem Gehalt an Natriumhydrogencarbonat. Für einen Drink ist das ohne Bedeutung, jedes sprudelnde und einigermaßen mineralisierte Wasser tut es genauso. Allenfalls könnte sich ein zu hoher Salzgehalt negativ auf den Geschmack eines Drinks auswirken. Aber in der Regel sind die alkoholischen, zuckerhaltigen und fruchtigen Zutaten so dominant, daß die Mineralien im Wasser eine untergeordnete Rolle spielen. Viel wichtiger ist die Kohlensäure. Sie sollte beim Mixen erhalten bleiben, den Drink lebhaft und erfrischend machen. Die wichtigste Regel dafür: Mineralwasser zuletzt ins Glas geben – danach sollte man höchstens kurz umrühren.

Wasser wird zu Eis

Nur wenige machen sich Gedanken über das Wasser, das zu Eiswürfeln gefroren werden soll, und nehmen Leitungswasser. Doch einem erstklassigen Drink stehen erstklassige Eiswürfel zu, und die entstehen nur aus Mineralwasser. Will man knackige »rocks« bekommen, muß man kohlensäurearmes oder -freies Mineralwasser verwenden. Speziell für Drinks, die eiskalt serviert werden und nicht wäßrig dünn werden dürfen, sind solche Eiswürfel wichtig. Sie bleiben im Shaker standfest und schwimmen in den Drinks, ohne sich schnell in Wohlgefallen aufzulösen.

Mineralwasser zum Kochen

Bei vielen der vorgestellten Wässer ist angegeben, daß sie zum Kochen geeignet sind. Gedacht ist vor allem an zart aromatische Teesorten, an Kaffee, aber auch an Gerichte, für die einem Leitungswasser nicht als gut genug erscheint.

Babynahrung

Immer wieder wird auch der Hinweis gemacht »geeignet für die Zubereitung von Säuglingsnahrung«. Das ist gesetzlich verankert und besagt, daß folgende Mineralmengen im Mineralwasser nicht überschritten werden dürfen: 20 mg/l Natrium, 10 mg/l Nitrat, 0,02 mg/l Nitrit und 1,5 mg/l Fluorid. Keine Grenzwerten werden für Sulfat gesetzt. Das hat aber eine abführende Wirkung, die beim Erwachsenen kaum ins Gewicht fällt, wenn man nicht gerade große Mengen eines stark sulfathaltigen Wassers trinkt.

Bei der Babynahrung sollte man sicherheitshalber auf einen Sulfatgehalt von unter 250 mg/l achten. Außerdem sollte plattes (also kohlensäurefreies) Wasser aus Kunststoffflaschen abgekocht werden. Sie können nämlich durchaus eine für Babys unangemessen hohe Keimzahl aufweisen. Übrigens bedeutet der Hinweis auf die Tauglichkeit für Babynahrung nicht, daß das betreffende Wasser gleichzeitig das richtige für ältere Menschen ist, denn die sollten besonders auf ausreichende Mineralzufuhr achten.

Haltbarkeit des Mineralwassers

Seit einiger Zeit muß auf dem Etikett eines Mineralwassers das Abfüll- und Haltbarkeitsdatum angegeben werden. Das gab es früher nicht, und es ist auch noch niemand an verdorbenem Mineralwasser gestorben. Doch eine reichlich spitzfindige Vorschrift will es so. Kohlensäurehaltiges Mineralwasser kann im Prinzip nicht verderben, selbst wenn das Verfallsdatum lange überschritten ist. Kohlensäure hat nämlich die Eigenschaft, daß sie nicht nur lebhaft perlt, sondern sie hat auch eine konservierende Wirkung. Anders sieht es mit Kunststoffflaschen und völlig stillen Wässern aus. Solche Wässer haben eher eine begrenzte Lebensdauer. Werden die Kunststoffflaschen mehrfach gefüllt (wie es demnächst der Fall sein soll), können sich geschmackliche und mikrobiologische Beeinträchtigungen ergeben.

DIE DEUTSCHEN MINERALWÄSSER

Deutschland hat, was das Mineralwasser anbelangt, einen Rekord zu verzeichnen. Nicht im Verbrauch, da liegen die Deutschen zur Zeit mit »nur« etwa 100 Litern erst an dritter Stelle, sondern mit der Anzahl der im »Amtsblatt der Europäischen Gemeinschaft« veröffentlichten und »als natürliche Mineralwässer anerkannten Wässer«. Darin sind von »A« wie »Aachener Kaiserbrunnen« bis »Z« wie »Zwestener Löwensprudel« etwa 500 Mineralwässer verzeichnet.

Eine Auswahl von großen und kleinen Brunnen, aus Nord und Süd, aus Ost und West sei auf den folgenden Seiten vorgestellt, aber alle können es unmöglich sein.

Eingeteilt wird das »Wasser-Deutschland« vom Verband Deutscher Mineralbrunnen e.V. in sieben Brunnengebiete. Diese sind in den Grenzen zwar nicht identisch mit den Bundesländern, teilen das Land aber so zweckmäßig ein, daß diese Einteilung für das Buch übernommen wurde. Innerhalb der sieben Kapitel sind die Wässer alphabetisch sortiert. Eine jeweils den einzelnen Regionen vorangestellte Karte gibt einen Überblick, wo die Quellen liegen. Dabei wird deutlich sichtbar, welche Lücken in manchen Gebieten bestehen und mangels Wasseradern wohl auch bleiben werden und welch großer Nachholbedarf noch in den östlichen Bundesländern besteht.

Nicht wenige Brunnenbetriebe besitzen mehrere Quellen, andere Brunnenbetriebe wiederum gehören zu einer Gruppe oder einem Konzern. Die mächtigsten sind: Gerolsteiner, Mineralbrunnen AG, Apollinaris/Schweppes, Blaue Quellen und Hassia & Luisen.

Der »Verband Deutscher Mineralbrunnen e.V.« zählt in diesen mehr oder weniger gleich stark mit Brunnenbetrieben besetzten Gebieten 245 Mitglieder.

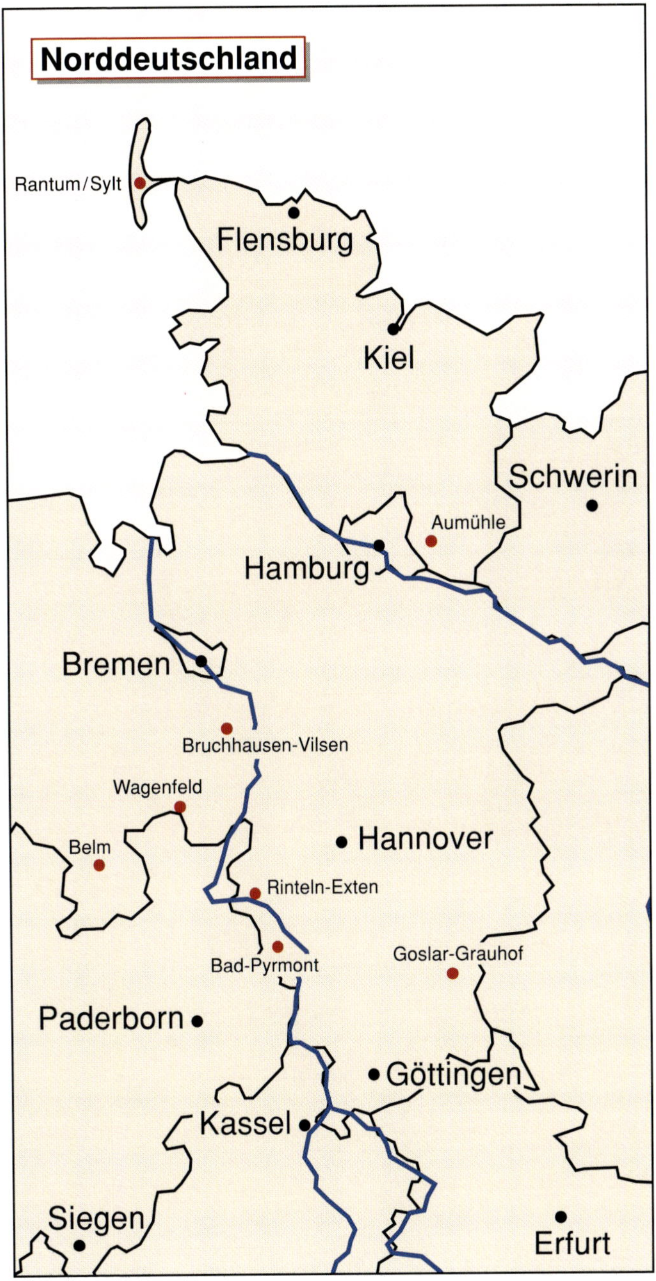
Norddeutschland
Rantum/Sylt
Flensburg
Kiel
Schwerin
Aumühle
Hamburg
Bremen
Bruchhausen-Vilsen
Wagenfeld
Belm
Hannover
Rinteln-Exten
Bad-Pyrmont
Goslar-Grauhof
Paderborn
Göttingen
Kassel
Siegen
Erfurt

Auburg Quelle

Auburg Quelle
Friedrich Lütvogt GmbH & Co. KG
49419 Wagenfeld
Am Naturpark Dümmer

1984 bohrte man auf dem Firmengelände der vor 100 Jahren gegründeten Getränkefirma 401 Meter tief und entdeckte unter einer 50 Meter mächtigen, undurchlässigen Tonschicht ein qualitativ und quantitativ höchst lohnendes Mineralwasserreservoir. Gespeist wird es aus dem 40 km entfernten Naturpark Wiehengebirge.

Natrium 20
Kalium 3
Calcium 110
Magnesium 10
Chlorid 29
Sulfat 9
Hydrogencarbonat 431

Geschmack:
Neutral, mild

Sorten:
Mit voller und als »Urquelle« mit wenig Kohlensäure

Anwendung:
Allroundwasser; gut zum Kochen, Mixen; für natriumarme Ernährung und für Babynahrung

Mineralien:
Geringe Mineralisation ohne hervorstechende Merkmale

Avanus

Avanus-Mineralbrunnen GmbH
Power Weg 45
49191 Belm

Diese Quelle wurde 1985 im Osnabrücker Bergland – nur einige Kilometer von Osnabrück entfernt – erschlossen. Das umfangreiche geologische Gutachten gibt Auskunft, durch wie viele und welche Schichten der Bohrer wochenlang getrieben werden mußte, ehe er in 150 m tiefem Keupergestein auf eine ergiebige, wasserführende Schicht stieß.

Geschmack:
Neutral

Sorten:
Mit voller Kohlensäure

Anwendung:
Allroundwasser; zum Kochen und Mixen; für natrium- und kochsalzfreie Ernährung und Babynahrung

Mineralien:
Mineralisches Leichtgewicht, fast kochsalzfrei

Natrium 8
Kalium 1
Calcium 52
Magnesium 25
Chlorid 13
Sulfat 21
Hydrogencarbonat 269

Bad Pyrmonter

Bad Pyrmonter Mineral- und
Heilquellen GmbH & Co.
Mühlenbergstraße 8
31812 Bad Pyrmont

Im malerischen Weserbergland, 70 km südlich von Hannover, liegt das geschichtsträchtige niedersächsische Staatsbad mit seinen heilkräftigen Quellen, die schon von den Germanen genutzt wurden. Im 14. Jahrhundert wurde die Hauptquelle erstmalig urkundlich erwähnt, und seit Mitte des 18. Jahrhunderts verschickte man das Wasser ins Ausland. Die Quelle für das »Natürliche Mineralwasser« wurde 1985 gebohrt und erbringt ein natriumarmes Wasser. Daneben wird ein um das Vielfache »inhaltsreicheres« Heilwasser, das aus der Mühlenberg-Quelle stammt und eine völlig andere Analyse aufweist, verkauft. Das Unternehmen gehört zur Gerolsteiner Gruppe.

Natrium 5 (382)
Kalium 1 (7)
Calcium 51 (156)
Magnesium 24 (40)
Chlorid 13 (348)
Sulfat 14 (697)
Hydrogencarbonat 247 (344)

Geschmack:
Neutral; Heilwasser leicht mineralisch

Sorten:
»Classic« volle, »Medium« und Heilwasser wenig Kohlensäure

Anwendung:
Allroundwasser; zum Kochen, Mixen, für Diäten; Heilwasser gegen: Nierensteinprobleme, chronische Harnwegsentzündungen

Mineralien:
Ausgewogener sehr geringer Mineralgehalt; natrium- und kochsalzarm (Bad Pyrmonter Heilwasser)

Extaler

WeserGold
Getränkeindustrie GmbH & Co. KG
Auf der Behrn 3–5
31737 Rinteln

In den sechziger Jahren wurde diese Quelle von dem großen Fruchtsaftbetrieb riha (*Ri*chard *Ha*rtinger) im Exertal südlich von Rinteln und westlich von Hameln auf der Suche nach einem guten Limonadenwasser entdeckt. Die ausgezeichnet strukturierte Mineralisation brachte bald einen Erfolg auch als Mineralwasser.

Geschmack:
Weitgehend neutral mit zartem mineralischen Anklang

Sorten:
Extaler Mineralquell mit voller und halber Kohlensäure; »Stille Quelle« mit wenig, im Brik völlig ohne Kohlensäure

Anwendung:
Vielseitig anwendbares Wasser; für natriumarme Ernährung; in größeren Mengen verdauungsfördernd und abführend

Natrium 11
Kalium 2
Calcium 347
Magnesium 57
Chlorid 15
Sulfat 891
Hydrogencarbonat 250

Mineralien:
Mittlere Mineralisation, streng natriumarm, aber mit sehr hohem Sulfatanteil

Fürst Bismarck Quelle

Fürst Bismarck-Quelle
(Blaue Quellen AG)
Postfach 140
21521 Aumühle

Die nördlichste der fünf gleichmäßig über Deutschland verteilten »Blauen Quellen«. Diese liegt im Sachsenwald, dem bekannten Naherholungsgebiet der Hamburger. Der Quellenname erinnert daran, daß Kaiser Wilhelm I. 1871 Fürst von Bismarck den Wald schenkte. Er hat die Quelle auch entdeckt. Das Wasser ist in Norddeutschland, speziell in Hamburg, sehr beliebt.

Natrium 14
Kalium k.A.
Calcium 79
Magnesium 5
Chlorid 22
Sulfat 53
Hydrogencarbonat 206

Geschmack:
Neutral

Sorten:
Mit voller und reduzierter Kohlensäure

Anwendung:
Allroundwasser; zum Kochen, Mixen, für salz- und natriumarme Ernährung

Mineralien:
Sehr gering mineralisiertes Wasser

Harzer Grauhof

Harzer Grauhof Brunnen
(Blaue Quellen AG)
38644 Goslar/Grauhof

In der Nähe des ehemaligen Klosters Grauhof wurde diese Quelle von Mönchen entdeckt. Seit 1877 wird sie offiziell genutzt. Längst wurde natürlich in dem landschaftsgeschützten Quellgebiet »Grauhöfer Holz« von der großen Gruppe »Blaue Quellen« ein moderner, leistungsfähiger Brunnen in das Urgestein gebohrt.

Geschmack:
Neutral

Sorten:
Mit voller und reduzierter Kohlensäure

Anwendung:
Tageswasser; gut zum Kochen, Mixen

Mineralien:
Geringe Mineralisation ohne hervorstechende Merkmale

Natrium 18
Kalium k.A.
Calcium 111
Magnesium 9
Chlorid 29
Sulfat 62
Hydrogencarbonat 300

Sylt Quelle

Sylt-Quelle Mineralbrunnen GmbH
Hafenstraße 1
25980 Rantum auf Sylt

Inmitten der Dünenlandschaft wurde 1993 ein sagenhaftes Quellenfeld für 50 Millionen DM »erbohrt«. Aus Tiefen von 30 bis 650 Meter werden hier 26 Grad warme Solen sowie Heil- und Mineralwässer aus zwölf artesischen Brunnen gewonnen. Die Anlage in Rantum ist einmalig in Europa. Jetzt soll ein Kurzentrum für die verschiedensten Anwendungen gebaut werden. Das Mineralwasser – zusammengeführt aus sieben Brunnen – kann man seit 1993 kaufen, ein Heilwasser nur vor Ort trinken, bis die Abfüllgenehmigung vorliegt.

Geschmack:
Mineralisch, hart

Sorten:
Mit voller und reduzierter Kohlensäure

Anwendung:
Allroundwasser; zum Kochen und Mixen; gut für Schwangere und bei Jodmangel

Mineralien:
Gering mineralisiert, ausgewogen. Mit 0,03 mg/l Iodid ein ausgezeichneter Lieferant dieses wichtigen Spurenelements.

Natrium 126
Kalium 17
Calcium 22
Magnesium 22
Chlorid 186
Sulfat 19
Hydrogencarbonat 195

Vilsa

Vilsa-Brunnen
O. Rodekohr GmbH & Co.
27305 Bruchhausen-Vilsen

1909 wurde in der noch heute ungestörten Naturlandschaft – 35 km südlich vom Stadtrand Bremens am Rande des Geestrükkens – diese Quelle erschlossen. Sie liegt geschützt unter einer mächtigen Tonschicht. Das umweltbewußte Unternehmen in dem kleinen Luftkurort wird in der dritten Generation von der Familie Rodekohr geführt und ist mit 330 Millionen Flaschen Vilsa jährlich das führende Mineralwasser in Niedersachsen und Bremen.

Natrium 14
Kalium 1
Calcium 63
Magnesium 4
Chlorid 33
Sulfat 32
Hydrogencarbonat 160

Geschmack:
Neutral

Sorten:
Mit voller und reduzierter Kohlensäure

Anwendung:
Vielseitiges Wasser für den täglichen Gebrauch; gut zum Kochen, Mixen, für Babynahrung

Mineralien:
Sehr gering mineralisiertes Wasser ohne herausragende Merkmale

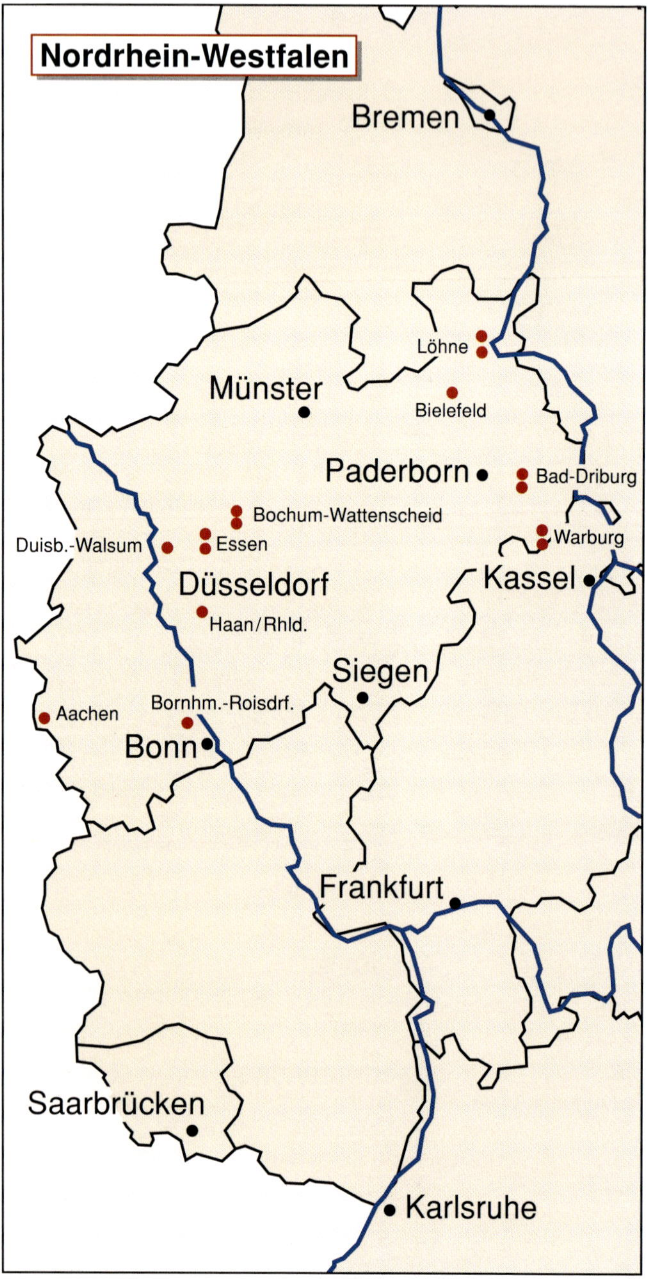
Nordrhein-Westfalen
Bremen
Löhne
Münster
Bielefeld
Paderborn
Bad-Driburg
Bochum-Wattenscheid
Duisb.-Walsum
Essen
Warburg
Kassel
Düsseldorf
Haan/Rhld.
Siegen
Aachen
Bornhm.-Roisdrf.
Bonn
Frankfurt
Saarbrücken
Karlsruhe

Bad Aachener Kaiserbrunnen

Aachener Thermalwasser
Kaiserbrunnen AG
Jülicher Straße 121, 52070 Aachen

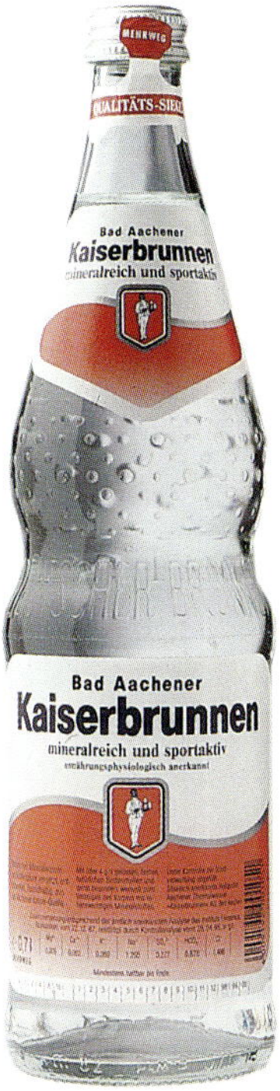

Natrium 1295
Kalium 69
Calcium 62
Magnesium 9
Chlorid 1486
Sulfat 277
Hydrogencarbonat 876

Aachen war nicht nur eine Kaiserstadt, es war immer schon auch eine Stadt der Quellen – 38 sind es zur Zeit. Bis zu 70° C heiß, mit hohem Salz- und Schwefelgehalt, strömt das Wasser aus den Quellen und lädt zum heilenden Bade ein. Soll es freilich als »Natürliches Mineralwasser« abgefüllt werden, darf man den geschmacklich störenden Schwefel entfernen, doch das Salz muß bleiben. 1884 begann man den »Kaiserbrunnen« auf Flaschen zu ziehen und im In- und Ausland zu verkaufen. Der farbige Schiffssteward auf dem Etikett soll diese traditionell weite Verbreitung symbolisieren.

Geschmack:
Kräftig, mineralisch, leicht salzig

Sorten:
Mit voller, »Medium« mit reduzierter Kohlensäure

Anwendung:
Ideal zur Salzergänzung nach Leistungssport, Schwerarbeit, Sauna, bei Fieber, nach Erbrechen und durchzechten Nächten, generell bei Salzverlust

Mineralien:
Extrem starke Mineralisation; mit 2,5 g/l Kochsalz stärkster Salzgehalt unter deutschen Mineralwässern; fluoridhaltig

Assindia Park-Brunnen

Assindia Heil- und
Mineralbrunnen GmbH
Zum Oberhof 21, 45307 Essen

Die Anfang des Jahrhunderts unweit des Südparks von Essen bekanntgewordenen Wasservorkommen sind Brunnen, die mit unterschiedlicher Tiefe im festen Steinkohlengebirge stehen. Vor Umweltgefährdungen gut abgesichert sind die Quellen durch mächtige tonige Erdschichten. Zur »Assindia-Familie« gehört auch das 1970 erbohrte, natriumarme Heilwasser »Eligius-Quelle« mit einer ähnlichen Struktur der Inhaltsstoffe.

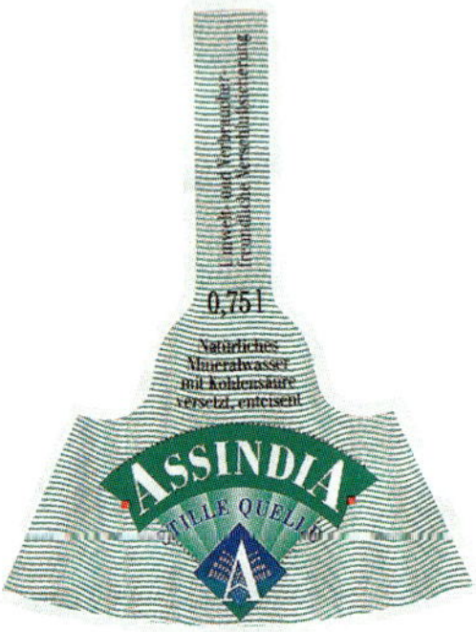

Natrium 30 (71)
Kalium 18 (18)
Calcium 181 (208)
Magnesium 48 (46)
Chlorid 75 (80)
Sulfat 193 (188)
Hydrogencarbonat 528 (708)

Geschmack:
Neutral

Sorten:
Mit voller und reduzierter Kohlensäure

Anwendung:
Allroundwässer; zum Kochen, Mixen

Mineralien:
Gering, aber ausgewogen mineralisierte Wässer (Park-Brunnen)

Bad Driburger

Bad Driburger Heil- und
Mineralbrunnen
Gräfin-Margarete-Allee 1
33001 Bad Driburg

Aus dem Eggegebirge und südlichen Teutoburger Wald bezieht diese Quelle ihr Wasser. 149 m tief, durch dicke schützende Schichten, mußte man bohren, um an eine ergiebige Wasserader unter dem kleinen Badeort zu kommen. Es gibt eine Reihe von Quellen in Deutschlands größtem »staatlich anerkannten Privat-Heilbad«, so auch noch ein stilles Mineralwasser mit stark abführender Wirkung, das Bad Driburger Bitterwasser mit hohem Sulfatanteil, und das Heilwasser »Caspar-Heinrich-Quelle« (s. dort).

Geschmack:
Leicht mineralisch

Sorten:
Mit voller quelleigener Kohlensäure, »Medium« und »Still«

Anwendung:
Allroundwasser; für natrium- und kochsalzarme Ernährung

Mineralien:
Geringe Mineralisation mit etwas erhöhtem Sulfatanteil; nur 15 mg/l Kochsalz (Bad Driburger Bitterwasser)

Natrium 14 (115)
Kalium 4 (5)
Calcium 171 (780)
Magnesium 37 (117)
Chlorid 9 (103)
Sulfat 313 (1340)
Hydrogencarbonat 333 (1445)

Bonaqa Tafelwasser

Coca-Cola GmbH
Max-Keith-Straße 66
45136 Essen

In 28 bundesdeutschen Abfüllbetrieben wird das 1987 eingeführte Tafelwasser abgefüllt. Das aus den Wasserwerken stammende Wasser wird enthärtet, entkeimt, über Aktivkohle und in einem feinen Filter filtriert und erhält geschmacksprägende Zusätze an Mineralien. 1995 wurden in Deutschland etwa 200 Millionen Liter getrunken.

Bei Tafelwasser werden keine Angaben gemacht.

Geschmack:
Ausgewogen, weder zu salzig noch zu flach

Sorten:
»Sparkling«, »Medium« und »Still«

Anwendung:
Für viele Gelegenheiten; zum Kochen, Mixen, für Eiswürfel

Mineralien:
»Still« ohne Magnesium und Natriumhydrogencarbonat

Caspar-Heinrich Quelle Heilwasser

Bad Driburger Heil- und
Mineralbrunnen
Gräfin-Margarete-Allee 1
33001 Bad Driburg

5000 v. Chr. führten größere Wasservorkommen zu den ersten Ansiedlungen. Mineralquellen werden 973 erstmals erwähnt. Die Familie Graf von Oeynhausen-Sierstorpff kaufte das heutige Kurgebiet 1781 und machte durch ständige Initiativen und Investitionen ein recht bedeutendes Kurbad daraus. Der Heilwasserversand beginnt um 1800; auch heute geht das Wasser in fast alle Bundesländer.

Geschmack:
Leicht mineralisch

Anwendung:
Gegen Sodbrennen, Gastritis, zur Nierenspülung, bei Magen- und Darmkatarrh und Kalkmangel; auch als Tageswasser in üblichen Mengen zu trinken

Mineralien:
Mittlere Menge an gelösten festen Stoffen

Natrium 24
Kalium 3
Calcium 281
Magnesium 83
Chlorid 38
Sulfat 104
Hydrogencarbonat 1125

Christinen Brunnen

Gehring-Bunte Getränke-Industrie GmbH & Co.
Gottlieb-Daimler-Straße 26
33334 Gütersloh

In Ummeln, westlich des Teutoburger Waldes im Kreis Bielefeld, wurde diese 80 m tiefe Quelle 1966 erbohrt. Aufwendige geologische Voruntersuchungen waren erforderlich, um hier ein Mineralwasservorkommen zu finden. Nur an besonderen Stellen fließt das Wasser so ergiebig, daß sich eine Nutzung lohnt. Das Unternehmen füllt jährlich über 350 Millionen Flaschen, gehört zu den größten und – mit mehr als 200 Produkten auf Basis von Mineralwasser – zu den vielseitigsten Unternehmen. Aus dem gleichen Haus kommt auch »Juwel«, ein mineralarmes stilles Wasser.

Geschmack:
Leicht mineralisch, eine Spur salzig

Sorten:
»Classic« mit voller, »Stille Quelle« mit reduzierter Kohlensäure

Anwendung:
Allroundwasser; zum Kochen; kariesvorbeugend

Mineralien:
Mittlere Mineralisation mit relativ viel Kochsalz; mit 3 mg/l hoher Fluoridanteil

Natrium 385
Kalium 1
Calcium 15
Magnesium 3
Chlorid 349
Sulfat 51
Hydrogencarbonat 418

Diemeltaler Quelle

Heil- und Mineralquellen
Germete GmbH
Am Brunnen 9
34414 Warburg

Schon die Ureinwohner der Gegend haben aus dieser ergiebigen Quelle im romantischen Diemeltal – gelegen zwischen den Naturparks Eggegebirge und Habichtswald – ihr Wasser geschöpft. Mit einer neueren Bohrung stieß man jetzt bis in 100 m Tiefe vor und gewinnt so ein gutes Mineralwasser, das schnell im weiteren Umkreis beliebt wurde.

Natrium 8
Kalium 2
Calcium 110
Magnesium 42
Chlorid 25
Sulfat 142
Hydrogencarbonat 352

Geschmack:
Neutral

Sorten:
Mit voller und als »Stille Quelle« mit reduzierter Kohlensäure

Anwendung:
Wasser für viele Zwecke; zum Kochen, Mixen; für Säuglingsnahrung und natriumarme Ernährung

Mineralien:
Geringe Mineralisation, praktisch kochsalzfrei

Germeta Quelle

Heil- und Mineralquellen
Germete GmbH
Am Brunnen 9
34414 Warburg

Am Rande des Naturschutzgebietes Eggegebirge liegt diese historische Quelle. 1679 hat sie schon der Abt des nahen Zisterzienserklosters zu Hardehausen mit dem Ausspruch gelobt, »daß er nichts Gesünderes und Erfrischenderes kenne als den Germeter Sprudel«. Aus einer vor 50 Millionen Jahren entstandenen Bruchstelle zwischen Buntsandstein und Kalkstein wird der Sauerbrunnen aus tiefen Schichten hochgepumpt.

Natrium 12
Kalium 3
Calcium 228
Magnesium 42
Chlorid 23
Sulfat 433
Hydrogencarbonat 338

Geschmack:
Angenehm mineralisch

Sorten:
Mit viel Kohlensäure, »Ur-Quell« reduziert

Anwendung:
Gutes Wasser für viele Zwecke; zum Kochen, Mixen

Mineralien:
Mittelstark mineralisiert; leichte Sulfat-Betonung

Haaner Felsenquelle

Haaner Felsenquelle Gabriele Römer
Hochdahler Straße 116
42781 Haan

5000 Jahre soll diese Quelle – die einzige im Bergischen Land – alt sein. Früher ging man mit dem Tonkrug dorthin, um das Gesundheitswasser gegen Harn- und Gichtbeschwerden zu schöpfen. Doch längst wurde ein Brunnen durch neun verschiedene Gesteinsschichten bis in 150 m Tiefe gebohrt. Das stets unverändert wertvolle Wasser kommt durch artesischen Druck nach oben.

Geschmack:
Neutral

Sorten:
Mit voller und halbierter Kohlensäure; Haaner natürliches Heilwasser

Anwendung:
Allroundwasser; zum Kochen, Mixen

Mineralien:
Sehr leicht mineralisiert. Heilwasser mit ähnlicher Analyse streng kochsalzarm

Natrium 24
Kalium 4
Calcium 77
Magnesium 18
Chlorid 60
Sulfat 96
Hydrogencarbonat 171

Hellweg Quelle
Stadion-Quelle
Fortis-Brunnen
Shop-Brunnen

Quellenhof
Brunnenbetriebe GmbH & Co. KG
Berliner Straße 50–62
44866 Bochum

Vier aus dem Ruhrgebiet – genauer vom südlichen Rand der Mineralwasserprovinz Münsterländer Kreidebecken – stammende, regional recht bedeutende Mineralwässer. Die erst 1959 entdeckten Brunnen liegen auf einem 1,5 ha großen Wiesengelände (seit 1972 Heilquellenschutzgebiet) in Wattenscheid. Während die Hellweg- und Stadion-Brunnen bis etwa 25 m Tiefe in den »Bochumer Grünsand« gebohrt wurden, reichen die anderen doppelt so tief in die Labiatusschichten. Alle vier zeigen einen klaren hydrochemischen »Familiencharakter«. Wer hätte gedacht, daß es im Herzen des Ruhrgebietes nahe Essen und Bochum, 500 m nördlich des Ruhrschnellweges ein solch ergiebiges Brunnenfeld mit ausgezeichnetem Mineralwasser gibt. Doch das Wasser dort hat Tradition, schon vor 130 Jahren haben Bergleute beim Schachtbau heilsames, 20° C warmes Wasser entdeckt (s. auch Sankt Martin Heilwasser).

Geschmack:
Neutral bis angenehm mineralisch

Sorten:
Mit voller und reduzierter Kohlensäure

Anwendung:
Wasser für den täglichen Gebrauch; gut als Essensbegleiter, zum Kochen, Mixen, nach Sport und Spiel; Fortis auch für natriumarme Kost

Mineralien:
Ausgewogene mittlere Mineralisation

	Hellweg	*Stadion*	*Fortis*	*Shop*
Natrium	*71*	*230*	*14*	*279*
Kalium	*7*	*10*	*4*	*5*
Calcium	*212*	*174*	*267*	*110*
Magnesium	*28*	*34*	*31*	*20*
Chlorid	*77*	*91*	*49*	*124*
Sulfat	*266*	*350*	*278*	*319*
Hydrogencarbonat	*488*	*683*	*580*	*537*

Rheinfels Quelle
Römerwall Quelle

H. Hövelmann GmbH & Co. KG
Römerstraße 109
47179 Duisburg

Das Wasser der beiden Quellen wird seit 25 Jahren in Duisburgs nördlichem Vorort Walsum in Nähe des Rheins hochgeholt. Über der Quelle befinden sich das Naturschutzgebiet Rheinaue und der Naturpark Hohe Mark. Man mußte allerdings sechs Bohrungen bis 300 m tief durch mächtige Felsschichten niederbringen, um genügend Wasser aus dem jahrmillionenalten Reservoir »zapfen« zu können. Hövelmann – in der dritten Generation – besteht seit über 90 Jahren und gehört zu den vier größten Brunnenbetrieben Deutschlands.

Natrium 240 (260)
Kalium 5 (5)
Calcium 2 (1)
Magnesium 1 (1)
Chlorid 124 (121)
Sulfat 27 (27)
Hydrogencarbonat 405 (384)

Geschmack:
Neutral

Sorten:
»Klassik«, »Medium« und »Stille Quelle«

Anwendung:
Allroundwasser; zum Kochen, Mixen

Mineralien:
Gering mineralisiert mit überproportionalem Natrium-Chlorid-Anteil (»Römerwall Quelle«)

Roisdorfer

Artus Mineralquellen
GmbH & Co. KG
Im Strang 40
53557 Bad Hönningen

Dieses bemerkenswerte Wasser stammt aus einer staatlich anerkannten Heilquelle – gewonnen wird es aus 175 Metern Tiefe. Nur wenige Wässer haben einen derartig starken Mineralanteil. Wissenschaftliche Gutachten – das älteste aus dem Jahre 1774 – bestätigen immer wieder die gesundheitsfördernden Eigenschaften der reichhaltig im Roisdorfer vorhandenen Mineralien. Eigentlich wäre es ein typisches Heilwasser, doch es wird als »natürliches Mineralwasser« verkauft. In Roisdorf liegt auch der 1985 erschlossene, 250 m tiefe »Markus Brunnen«, dessen Wasser etwa die Hälfte an Mineralien aufweist.

Geschmack:
Mineralisch, leicht salzig, hart

Sorten:
Mit voller eigener Quellenkohlensäure

Anwendung:
Optimal zur Mineralergänzung nach Leistungssport, Hitze, Sauna, Schwerarbeit und bei Fieber

Mineralien: Mit 4,6 g/l extrem stark mineralisiert; 1,7 g/l Kochsalz (»Markus Brunnen«)

Natrium
1190 (440)
Kalium 30 (20)
Calcium
130 (150)
Magnesium
90 (50)
Chlorid
1040 (410)
Sulfat 360 (280)
Hydrogencarbonat
1670 (880)

St. Margareten Heilwasser

Brohler Mineral- und
Heilbrunnen GmbH
Brunnenbetrieb Steinsiek
32584 Löhne

Natrium 18
Kalium 2
Calcium 578
Magnesium 47
Chlorid 32
Sulfat 1364
Hydrogencarbonat 269

Im hügeligen Ravensburger Land, zwischen Teutoburger Wald und Wiehengebirge, entspringt die artesische St. Margaretenquelle. Die hier vorkommenden Gesteinsschichten Mergel, Kaolinsandstein und Gipskeuper bilden die geologische Voraussetzung zur Entstehung dieses seltenen Calcium-Sulfat-Wassertyps. Schon lange für ihre Heilwirkung bekannt, wurde die Quelle seit 1850 in einem für diese Gegend typischen »Bauernbad« genutzt. Heute, mit moderner Technik abgefüllt, ist St. Margareten ein mildes Naturheilmittel für den »Kurlaub« zu Hause.

Geschmack:
Mild, neutral

Anwendung:
Bei Calciummangel und Osteoporose, bei Magen- und Gallenproblemen und Erkrankungen der harnabführenden Wege; zum Dauergebrauch und für Trinkkuren geeignet

Sankt Martin Heilwasser

Quellenhof
Brunnenbetriebe GmbH & Co. KG
Berliner Straße 50–62
44866 Bochum

Das Heilwasser stammt aus einem 45 m tiefen Brunnen im wasserträchtigen Gebiet zwischen Ruhr und Emscher bei Wattenscheid (s. Geschwisterquellen Hellweg, Shop, Stadion und Fortis). Die Anerkennung als Heilwasser erfolgte 1963. In vielen medizinischen Gutachten wird die ausgeprägte therapeutische Wirksamkeit lobend erwähnt. Sankt Martin ist das führende Heilwasser des Ruhrgebietes und eines der zehn großen in Deutschland.

Natrium 165
Kalium 7
Calcium 198
Magnesium 25
Chlorid 127
Sulfat 335
Hydrogencarbonat 534

Geschmack:
Fein abgerundet mit leichter Mineralnote

Anwendung:
Vor allem bei Stein-, Nieren-, Blasenleiden, bei Störungen der Säure-, Fermentbildung und Gallenabsonderungen. Zum Dauergebrauch und für Haustrinkkuren geeignet; ebenso gutes Allroundwasser für den täglichen Gebrauch und zur Mineralzufuhr.

Mineralien:
Ausgewogene mittlere Mineralisation

Natrium 19
Kalium 3
Calcium 576
Magnesium 40
Chlorid 40
Sulfat 1320
Hydrogencarbonat 270

Steinsieker

Brohler Mineral- und
Heilbrunnen GmbH
Brunnenbetrieb Steinsiek
32584 Löhne

»Steinsiek«, so heißt der Ortsteil des westfälischen Städtchens Löhne, in dem diese Quelle entspringt. Hier »sickerte« schon in alter Zeit Wasser aus dem Gestein; das gab der artesischen Quelle ihren Namen. Heute wird Steinsieker durch seine günstige mineralische Zusammensetzung gerne als »das Schönheitswasser« bezeichnet.

Geschmack:
Mineralisch, hart

Sorten:
Mit voller und »Stille Quelle« mit wenig Kohlensäure

Anwendung:
Zwei Flaschen decken den täglichen Calciumbedarf; vom »Bundesselbsthilfeverband für Osteoporose« empfohlen; entschlackend durch hohen Sulfatanteil

Mineralien:
Stark mineralisiert; eines der calcium- und sulfatreichsten Wässer; natriumarm

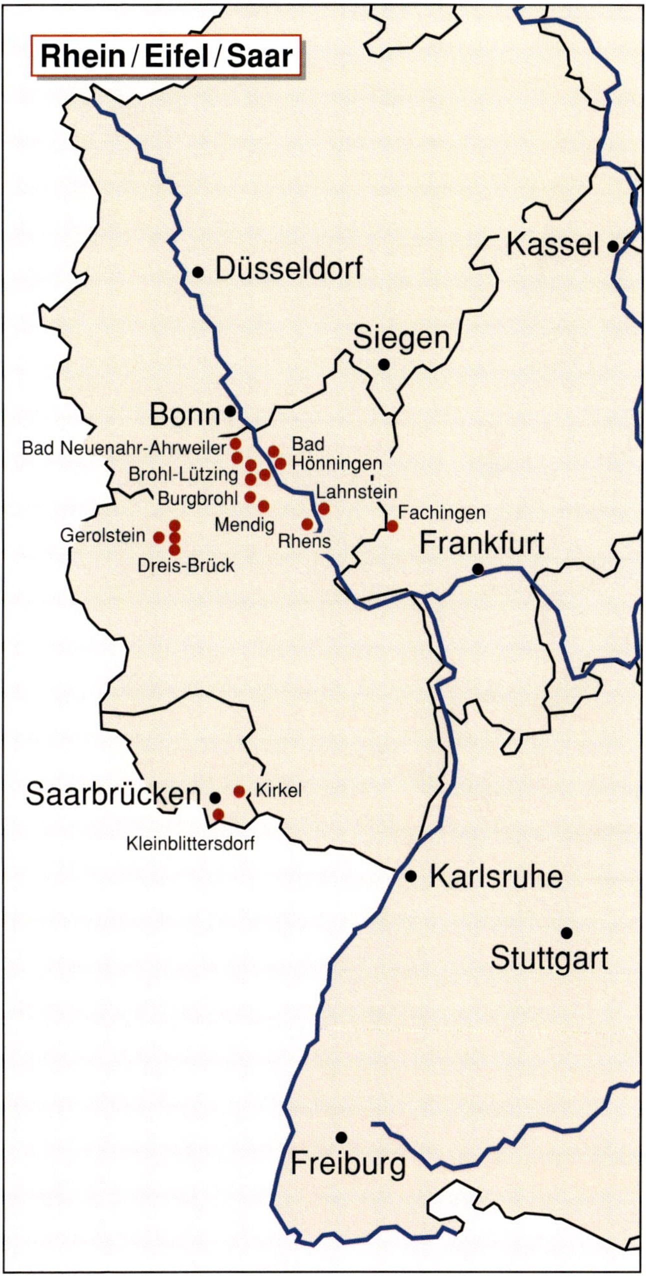
Rhein / Eifel / Saar
Düsseldorf
Kassel
Siegen
Bonn
Bad Neuenahr-Ahrweiler
Bad Hönningen
Brohl-Lützing
Burgbrohl
Lahnstein
Fachingen
Mendig
Gerolstein
Rhens
Dreis-Brück
Frankfurt
Saarbrücken
Kirkel
Kleinblittersdorf
Karlsruhe
Stuttgart
Freiburg

Apollinaris

Apollinaris & Schweppes
Fischerwiete 1
20095 Hamburg

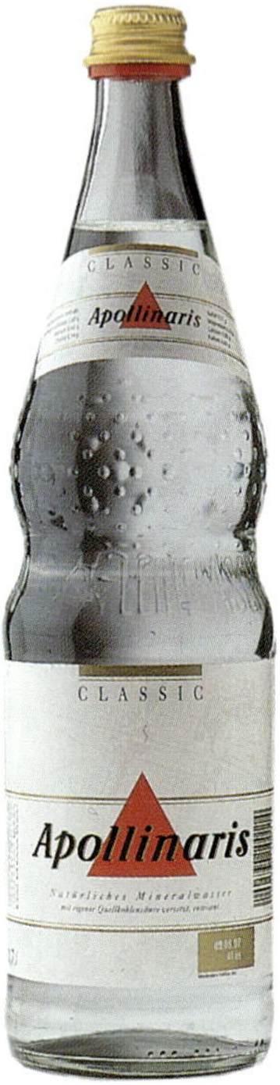

1852 wurde die Quelle in einem am Rande der Vulkaneifel gelegenen Weinberg entdeckt. Die Reben wuchsen dort nicht wegen austretender Gase. Das Wasser steigt nach einem 70 Jahre dauernden Durchlauf aus 100 m Tiefe durch artesischen Druck nach oben. Apollinaris war schon vor 100 Jahren ein echter Markenartikel, bestreitet zur Zeit über die Hälfte des deutschen Exports und geht in 62 Länder. 175 Millionen Liter werden jährlich abgefüllt. Verbreitung in allen Bundesländern.

Geschmack:
Fein säuerlich, angenehm mineralisch

Sorten:
»Classic« mit voller eigener Quellenkohlensäure, »Medium« mit halber und »Still« ganz ohne

Anwendung:
Wasser für alle Gelegenheiten rund um die Uhr; beliebt bei Tisch, in der Bar, bei Konferenzen; zur Magnesiumergänzung

Mineralien:
Sehr stark mineralisiert mit ausgeprägtem Magnesium- und Natriumgehalt

Natrium 430
Kalium 30
Calcium 90
Magnesium 100
Chlorid 140
Sulfat 110
Hydrogencarbonat 1580

Arienheller

Artus Mineralquellen
GmbH & Co. KG
Im Strang 40
53557 Bad Hönningen

Bereits im Jahre 1897 wurde diese Quelle mit ihrem ausgezeichneten Wasser entdeckt. Am Rande des Naturparks Westerwald, der in Bad Hönningen und Rheinbrohl bis an den Rhein reicht, wird Arienheller aus einer Tiefe von 390 Metern hochgepumpt. Artus gibt sich mit diesem Wasser ganz elitär, hat große und kleine Flaschen mit tischfeiner Ausstattung geschaffen und verkauft sie unter dem Begriff »Premium Mineralwasser« ausschließlich an die gehobene Gastronomie.

Natrium 610
Kalium 30
Calcium 60
Magnesium 90
Chlorid 280
Sulfat 90
Hydrogencarbonat 1710

Geschmack:
Angenehm mineralisch

Sorten:
Mit voller, »Medium« mit reduzierter Kohlensäure

Anwendung:
Begleiter zum feinen Essen, zum Mixen

Mineralien: Stark mineralisiert

Brohler Classic

Brohler Mineral- und
Heilbrunnen GmbH
Koblenzer Straße 71–73
56656 Brohl

Am Rande der Vulkaneifel, in herrlicher Landschaft, entspringt die Karlsquelle aus 380 m Tiefe. Schon 1593 wurde sie urkundlich vom »Doktor der Arzney« Jakobus Theodorus erwähnt: »Das Wasser reinigt und stärkt den Körper und bringt zahlreiche Leiden des Magens, der Galle und der Lunge Linderung.« Wen wundert es, daß auch der letzte Kaiser dieses Wasser schätzte, getreu dem Motto: »Trink Brohler und Dir ist wohler!«

Geschmack:
Abgerundet mineralisch

Sorten:
Mit voller und »still« mit weniger Kohlensäure

Anwendung:
Vielseitiges Tageswasser; »Stresshilfe und Fitmacher«; zur allgemeinen Mineralergänzung

Mineralien:
Ausgewogenes, mittelstark mineralisiertes Wasser

Natrium 370
Kalium 22
Calcium 88
Magnesium 78
Chlorid 19
Sulfat 110
Hydrogencarbonat 1208

Brohler Highlight

Brohler Mineral- und
Heilbrunnen GmbH
Koblenzer Straße 71–73
56656 Brohl

Aus der Friedrichsquelle entspringt dieses Mineralwasser in 150 m Tiefe. Die Quelle liegt im besonders mineralwasserreichen Randgebiet der Vulkaneifel, im schönen Rheintal bei Bad Breisig. Die besondere Zusammensetzung der Gesteinsschichten ergibt einen ausgesprochen milden Wassertyp. Auf vielen internationalen Wasserverkostungen wurde Brohler sehr gut bewertet.

Natrium 61
Kalium 11
Calcium 42
Magnesium 40
Chlorid 45
Sulfat 61
Hydrogencarbonat 362

Geschmack:
Harmonisch, weich

Sorten:
Mit voller und »still« mit wenig Kohlensäure

Anwendung:
Ideal als Begleiter für gutes Essen, zu Weinproben, aber auch sonst ausgezeichnet für den täglichen Wassergenuß

Mineralien:
Geringe, ausgewogene Mineralisation

Dreikönigsquelle

Artus Mineralquellen
GmbH & Co. KG
Im Strang 40
53557 Bad Hönningen

Vor 100 Jahren wurde die Quelle in jener mineralwasserreichen Gegend entdeckt, die geo-»logisch« eine Fortsetzung der Vulkaneifel von der anderen Rheinseite zum Westerwald hin darstellt. Mit 60 Metern mußte man nicht einmal sehr tief bohren, um an dieses Wasser zu gelangen.

Natrium 10
Kalium 20
Calcium 60
Magnesium 20
Chlorid 20
Sulfat 40
Hydrogencarbonat 220

Geschmack:
Neutral

Sorten:
Mit voller und mit »halber« Kohlensäure

Anwendung:
Allroundwasser; zum Kochen, Mixen; für natrium- und kochsalzarme Ernährung und für Babynahrung

Mineralien: Sehr geringe, ausgewogene Mineralisation; nur 25 mg/l Kochsalz

Dreiser Sprudel

Hermann Kreuter & Co.
Mineral- und Heilbrunnen
Hillesheimer Straße 29
54552 Dreis/Vulkaneifel

Natrium 302
Kalium 38
Calcium 203
Magnesium 277
Chlorid 22
Sulfat 19
Hydrogencarbonat 2822

Auch dieses Wasser kommt aus dem 540 m hoch liegenden Dreiser Weiher, dem trockengelegten Maarkessel, aus dem schon die Nürburg und Vulkan Quelle stammt (s. dort). Die Mineralbrunnen Hermann Kreuter sind Spezialisten für dieses Gebiet und bieten mit einigen ihrer Mineralwässer die am höchsten mineralisierten Deutschlands.

Geschmack:
Angenehm mineralisch

Sorten:
Mit voller eigener Quellkohlensäure

Anwendung:
Optimal zu Mineralergänzung, speziell Magnesium (2 Fl. = Tagesbedarf) und Calcium

Mineralien:
Extrem stark mineralisiertes Wasser mit verhältnismäßig geringem Kochsalz

Gerolsteiner Sprudel
Gerolsteiner Stille Quelle
St. Gero Heilwasser

Gerolsteiner Brunnen GmbH & Co.
Brunnenstraße 1
54568 Gerolstein

Das Gerolsteiner Wasser entspringt in der geologisch einmaligen Vulkaneifel. Aus mineralreichen Dolomitgesteinsschichten steigt es allein durch Kohlensäuredruck empor. Vor 300 Millionen Jahren wurden dort die Kalkmulden von Gerolstein als mineralische Schatzkammern angeschwemmt, von denen das Wasser heute seine unverwechselbar eigene Art erhält. 120 bis 180 Meter tief gehen die Bohrungen, in denen das Wasser in seinem ursprünglichen Zustand, unbeeinflußt von »modernen« Umwelteinflüssen, nach oben kommt. Die drei Sorten »Sprudel«, »Stille Quelle« und »Heilwasser St.Gero« – abgefüllt aus 18 Quellen an sieben Füllanlagen – haben eine identische Analyse.

Natrium 119
Kalium 11
Calcium 347
Magnesium 108
Chlorid 40
Sulfat 36
Hydrogencarbonat 1817

Die Gerolsteiner Gruppe mit ihren Tochtergesellschaften ist die Nummer 1 auf dem deutschen Wassermarkt und drittgrößter Brunnenkonzern Europas. In Italien ist sie durch den Erwerb der Terme di S. Andrea mit fünf Brunnen eingestiegen. Der Absatz der Gerolsteiner Gruppe belief sich bei fast 1000 Mitarbeitern 1995 auf etwa 1,3 Milliarden Flaschen, der Umsatz auf rund eine halbe Milliarde Mark. Gerolsteiner exportiert in 25 Länder und bestreitet 36 Prozent des deutschen Exports. Die Firma arbeitet besonders umweltfreundlich: Sie erhielt als erstes Brunnenunternehmen den Umweltpreis des Umweltministeriums Rheinland-Pfalz.

Geschmack:
Angenehm mineralisch

Sorten:
»Sprudel« volle, »Stille Quelle« und »St.Gero« wenig eigene Quellkohlensäure

Anwendung:
Tageswasser für alle Gelegenheiten; zur Mineralergänzung speziell von Magnesium und Calcium; Heilwasser »St.Gero« gegen Magen-, Dünndarmerkrankungen, chronische Harnwegsinfekte, Harnstein-Nachbehandlung, Osteoporose u.a.

Mineralien: Sehr stark mineralisiert, mit hohem Magnesium- und Calcium-, aber relativ geringem Kochsalzanteil von 67 mg/l

Heppinger Heilwasser

Apollinaris & Schweppes
Fischerwiete 1
20095 Hamburg

Natrium 856
Kalium 53
Kalzium 116
Magnesium 165
Chlorid 245
Sulfat 188
Hydrogencarbonat 2891

Eines der bekanntesten deutschen Heilwässer aus Bad Neuenahr im Ahrtal stammend. Von Sportärzten wurde es als »offizielles« Wasser der letzten fünf Olympiaden für die deutschen Sportler ausgewählt.

Sorten:
Naturbelassen mit 3,2 g/l quelleneigener Kohlensäure

Geschmack:
Mineralisch, leicht salzig, schwach bitter und säuerlich

Anwendung:
Ideale Ergänzung von Mineraldefiziten nach Sport, schwerer Arbeit, Sauna und bei Fieber; gegen chronische Katarrhe des Magens und Darms, Verstopfung, Gallenleiden, Sodbrennen und Stoffwechselkrankheiten

Mineralien:
Heppinger ist ein Magnesium-Riese; nur wenige Wässer haben mehr zu bieten: Zwei Liter decken den täglichen Bedarf eines Erwachsenen. Mit insgesamt 4566 mg/l gelösten Stoffen ist Heppinger auch sonst ungewöhnlich stark mineralhaltig.

Kirkeler Wald-Quelle

Nebgen-Mineralbrunnen
Waldstraße 4
66459 Kirkel/Saar

Natrium 3
Kalium 2
Calcium 5
Magnesium 1
Chlorid 8
Sulfat 3
Hydrogencarbonat 15

Aus 124 m Brunnentiefe wird dieses eigenwillige Mineralwasser aus dem »mittleren Buntsandstein, einem reinen Quarzsandstein« – wie die Geologen das nennen – gefördert: Es hat kaum mineralische Beimengungen. So kann es auch direkt ohne Enteisenung, abgefüllt werden. Der Tiefbrunnen liegt in einem naturbelassenem Waldstück, in dem auch das städtische Wasserwerk sein Leitungswasser gewinnt. Die Kirkeler Wald-Quelle ist eine der drei Quellen des Saarlandes.

Geschmack:
Neutral, weich

Sorten:
Mit voller und wenig Kohlensäure

Anwendung:
Allroundwasser; zum Kochen, Mixen, Entschlacken, für natrium- und kochsalzarme Ernährung und für Säuglingsnahrung

Mineralien:
Deutscher Rekord an »Mineralarmut«, fast natrium- und kochsalzfrei

Lahnsteiner

Victoria Heil- und
Mineralbrunnen GmbH
Max-Schwarz-Straße 1
56112 Lahnstein

Schon im vorigen Jahrhundert wurden die Quellen an der Lahn geschätzt, so die der 1881 gebohrten Victoria Quelle. Die Lahnstein Quelle wurde erst 1989 in dem wasserträchtigen Gebiet erschlossen. 400 m tief mußte man durch das zerklüftete rheinische Schiefergebirge bohren, um an diese gute Quelle zu kommen. Aus größerer Tiefe stößt noch Kohlensäure dazu. Gehört zur Brauerei Beck & Co.

Geschmack:
Mild mit feinsaurer Note

Sorten:
Still, »Medium« und mit voller Kohlensäure

Anwendung:
Allroundwasser

Mineralien:
Ausgewogene, mittlere Mineralisation

Natrium 211
Kalium 9
Calcium 45
Magnesium 19
Chlorid 124
Sulfat 111
Hydrogencarbonat 456

Nürburg Quelle Vulkania Heilwasser

Natrium 365
Kalium 44
Calcium 232
Magnesium 337
Chlorid 21
Sulfat 23
Hydrogencarbonat 3388

Hermann Kreuter & Co.
Mineral- und Heilbrunnen
Hillesheimer Straße 29
54552 Dreis/Vulkaneifel

Zwischen Daun und Gerolstein, im Herzen der urwüchsigen Vulkaneifel, liegt die Nürburg Quelle in Dreis. Die Quelle des mit 19° C austretenden Wassers liegt in einem erdgeschichtlich und geologisch interessanten Trockenmaar, dem Dreiser Weiher mit etwa einem Kilometer Durchmesser. Es ist ein erloschener Vulkan aus diluvialer Zeit. Hermann Kreuter hat vor etwa 60 Jahren den gesundheitlichen Wert dieser Quelle entdeckt und das Unternehmen gegründet.

Geschmack:
Deutlich mineralisch, kräftig

Sorten:
Mit voller, eigener Quellkohlensäure und »still« mit reduzierter »Vulkania« Heilwasser

Anwendung:
Optimale Magnesium- und Calciumergänzung; als Heilwasser für vielerlei Leiden (nach ärztlicher Beratung)

Mineralien:
Extrem hohe Mineralisation mit ausgeprägtem Magnesiumanteil; minimales Kochsalz

Reginaris

Reginaris AG
Postfach 1254
56738 Mendig

Vor über 1000 Jahren ist der Regen über der Eifel niedergegangen, der jetzt veredelt zu feinem und reinem Mineralwasser wieder ans Tageslicht kommt. Ein ewiger Kreislauf der Natur, der hier besonders lange dauert, sickert das Wasser doch erst durch die typischen Gesteinsschichten der Vulkaneifel: Tuffit, Ton, Tonschiefer, Schiefer, Quarz und Grauwacke. Aus dem 250 Meter tiefen Bohrloch sprudelt es durch den Gasdruck von allein nach oben.

Natrium 300
Kalium 20
Calcium 190
Magnesium 110
Chlorid 32
Sulfat 38
Hydrogencarbonat 1950

Geschmack:
Angenehm mineralisch

Sorten:
Mit voller und reduzierter eigener Quellenkohlensäure; als Heilwasser »St. Genoveva« mit ähnlicher Zusammensetzung

Anwendung:
Ausgezeichnet zur Mineralergänzung nach Sport, Spiel, Sauna

Mineralien:
Sehr stark mineralisiert, mit besonderer Betonung von Hydrogencarbonat und Magnesium; nur 53 mg/l Kochsalz

Natrium 80
Kalium 4
Calcium 118
Magnesium 31
Chlorid 120
Sulfat 94
Hydrogencarbonat 396

Rhenser

Rhenser Mineralbrunnen
(Blaue Quellen)
Brunnenstraße 2–8
56321 Rhens

Zwischen Boppard und Koblenz, wo der Hunsrück an den Rhein stößt, liegt Rhens. Und von dort stammt das bekannte, besonders im Ruhrgebiet verbreitete Mineralwasser. Bereits 1584 wurde die Quelle von Tabernaemontanus in seinem Werk »New Wasserschatz« erwähnt. Jetzt kommt das Wasser aus einer bis in 600 m tief reichenden Bohrung. »Rhenser Mineralbrunnen« ist die Urzelle der Aktiengesellschaft »Blaue Quellen«, die in den zwanziger Jahren entstand. Insgesamt füllt man jährlich etwa 1 Milliarde Flaschen ab.

Geschmack:
Neutral

Sorten:
Mit voller und reduzierter Kohlensäure

Anwendung:
Wasser für viele Gelegenheiten; zum Kochen und Mixen

Mineralien:
Gering mineralisiertes Wasser

Rhodius Fellbuhr

Rhodius Mineralquellen und
Getränke GmbH & Co. KG
Postfach 207
56657 Burgbrohl

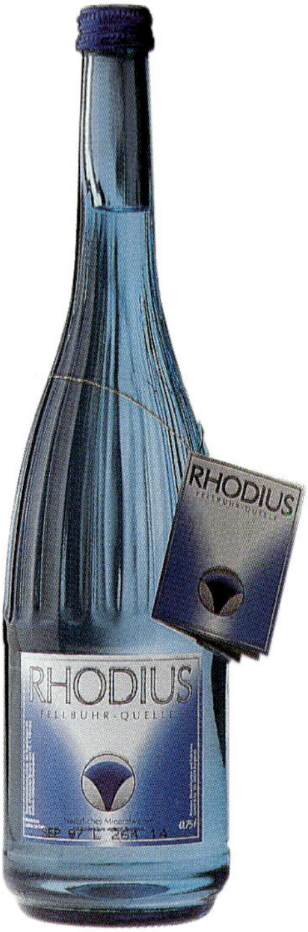

Natrium 190
Kalium 31
Calcium 111
Magnesium 150
Chlorid 45
Sulfat 49
Hydrogencarbonat 1452

Aus der mineralwassereichen Vulkaneifel, wenige Kilometer vom Rhein und vom Laacher See entfernt, kommt dieses Wasser aus 100 Metern Tiefe aus einer Felsspalte, die sich noch 300 Meter tief fortsetzt. Man ist zu Recht stolz auf den hohen Magnesiumanteil und hat aufschlußreiche klinische Tests über den Wert dieses Minerals durchführen lassen. In erster Linie ist das vulkanische Urgestein für diesen Reichtum verantwortlich, der auch bei den anderen Quellen der Eifel stark zum Ausdruck kommt.

Geschmack:
Angenehm mineralisch

Sorten:
»Classic« mit voller, »Medium« mit reduzierter Kohlensäure

Anwendung:
Allroundwasser, zum Kochen und Mixen, gegen Streß; optimale Magnesiumergänzung (»1 l deckt den Tagesbedarf zu 45 %«), Prophylaxe gegen Arteriosklerose, Bluthochdruck, Muskelkrämpfe

Mineralien:
Starke Mineralisation mit sehr hohem Magnesiumanteil, der mit an der Spitze deutscher Wässer liegt

Rilchinger Gräfin Mariannen-Quelle Amandusquelle

Gesundbrunnen
Bad Rilchingen GmbH
66271 Hanweiler-Bad Rilchingen

Im südlichen Saarland, zwischen Rilchingen und Hanweiler, gab es von jeher mineralhaltige Quellen, doch bis Ende des 18. Jahrhunderts waren sie kaum bekannt. Erst Reichsgräfin Marianne von der Leyen machte sie nutzbar. Die heilsame Wirkung sprach sich bald bei Ärzten und Laien herum. 1841 wurde das Kurbad Rilchingen gegründet, 1922 die Firma Gesundbrunnen. Eine moderne Bohrung reicht 263 m tief. Das Wasser wird auch als »Amandusquelle« verkauft. Weiterhin gibt es die ganz unterschiedliche »Gräfin Mariannen-Quelle«.

Natrium 226 (9)
Kalium 6 (6)
Calcium 126 (45)
Magnesium 60(40)
Chlorid 390 (5)
Sulfat 271(55)
Hydrogencarbonat 278 (293)

Geschmack:
Leicht mineralisch

Sorten:
Mit voller und reduzierter Kohlensäure

Anwendung:
Allroundwasser; zur Mineralergänzung, nach Sport und Spiel

Mineralien:
Bis auf minimales Kalium ausgewogene mittlere Mineralisation; »Gräfin Mariannen-Quelle« (in Klammern) sehr gering mineralisiert, fast kochsalzfrei

Staatl. Fachingen Heilwasser

Fachingen Heil- und
Mineralbrunnen GmbH
Brunnenstraße 11
65626 Fachingen/Lahn

Bereits 1746 wurden die »wild austretenden Quellen« im Lahntal bei Diez, ein paar Kilometer von Limburg, »ordentlich gefaßt und genutzt«. Heute holt man das etwa 1500 Jahre alte Wasser aus bis zu 200 m tiefen Bohrungen. Die heilende Wirkung ist vielfach dokumentiert. Es ist das bekannteste, überall erhältliche Heilwasser Deutschlands. Schon Goethe hatte seinen Wert erkannt und zur »Befreyung des Geistes« das »Fachinger Wasser« genossen. Quellennutzer ist die Mineralbrunnen AG.

Geschmack:
Angenehme mineralische Note, zart salzig

Anwendung:
Gesundheitswasser zum vielseitigen Gebrauch; für häusliche Kuren (Galle, Magen, Darm, Nieren und Stoffwechsel) und zum gesunden täglichen Genuß. Es wird zimmerwarm getrunken.

Mineralien:
Überdurchschnittlich mineralisiertes Wasser; traditionell nicht enteisent; mit eigener Quellkohlensäure von 1,5 g/l abgefüllt

Natrium 602
Kalium 28
Calcium 122
Magnesium 53
Chlorid 151
Sulfat 66
Hydrogencarbonat 1950

Tönissteiner Bad Tönissteiner Heilbrunnen

Tönissteiner Sprudel
Dr. C. Kerstiens GmbH
56645 Brohl

Ab 48 v. Chr. labten sich römische Legionäre 450 Jahre lang aus diesem Quell. An Brunnenfassungen fand man Münzen als Opfergaben. Aus drei artesischen Quellen von 300 bis 650 m Tiefe kommt das Wasser empor. Die älteste deutsche Brunnenanlage gilt auch als die schönstgelegene. Jährlich werden auf modernen Abfüllanlagen 160 Millionen Flaschen abgefüllt. Damit gehört Tönissteiner zu den Großen und ist auch mit 35 Prozent Anteil am deutschen Export – speziell in die Benelux-Länder – stark.

Geschmack:
Leicht mineralisch

Sorten:
»Sprudel« mit voller eigener Quellenkohlensäure, »Medium« (in Klammern) mit reduzierter

Anwendung:
Allroundwasser; gute Mineralergänzung vor allem bei Magnesiumbedarf

Mineralien:
Mittlere Mineralisation; recht hoher Magnesiumanteil; mit 42 mg/l verhältnismäßig wenig Kochsalz

Natrium 106 (96)
Kalium 19 (16)
Calcium 182 (175)
Magnesium 141 (137)
Chlorid 23 (17)
Sulfat 25 (23)
Hydrogencarbonat 1541 (1461)

Vulkan Quelle PurQuell

Hermann Kreuter & Co.
Mineral- und Heilbrunnen
Hillesheimer Straße 29
54552 Dreis/Vulkaneifel

Aus dem Dreiser Weiher in der Vulkaneifel – einem Vulkankessel von etwa 900 m Durchmesser – werden mehrere völlig unterschiedliche Wässer gefördert. Während »Nürburg Quelle« und »Vulkania« (s. dort) vor Mineralien strotzen, sind diese beiden Wässer wesentlich zurückhaltender. Die Vulkan Quelle liegt 29 m tief und hat über sich Torf, Schluff, Lehm, Ton und Fels, der PurQuell kommt aus 50 m Tiefe und durchfließt Grauwacken und vulkanisches Lockergestein.

Geschmack:
Neutral

Sorten:
Mit voller quelleneigener Kohlensäure; »PurQuell« auch mit wenig Kohlensäure

Anwendung:
Gutes Allgemeinwasser; zum Kochen, Mixen; »PurQuell« auch für natrium-, kochsalzarme Ernährung und für Babynahrung

Mineralien:
Mittlere, »PurQuell« (in Klammern) sehr geringe Mineralisation und praktisch kochsalzfrei

Natrium 97 (9)
Kalium 18 (8)
Calcium 78 (51)
Magnesium 95 (31)
Chlorid 21(5)
Sulfat 13 (k. A.)
Hydrogencarbonat 938 (313)

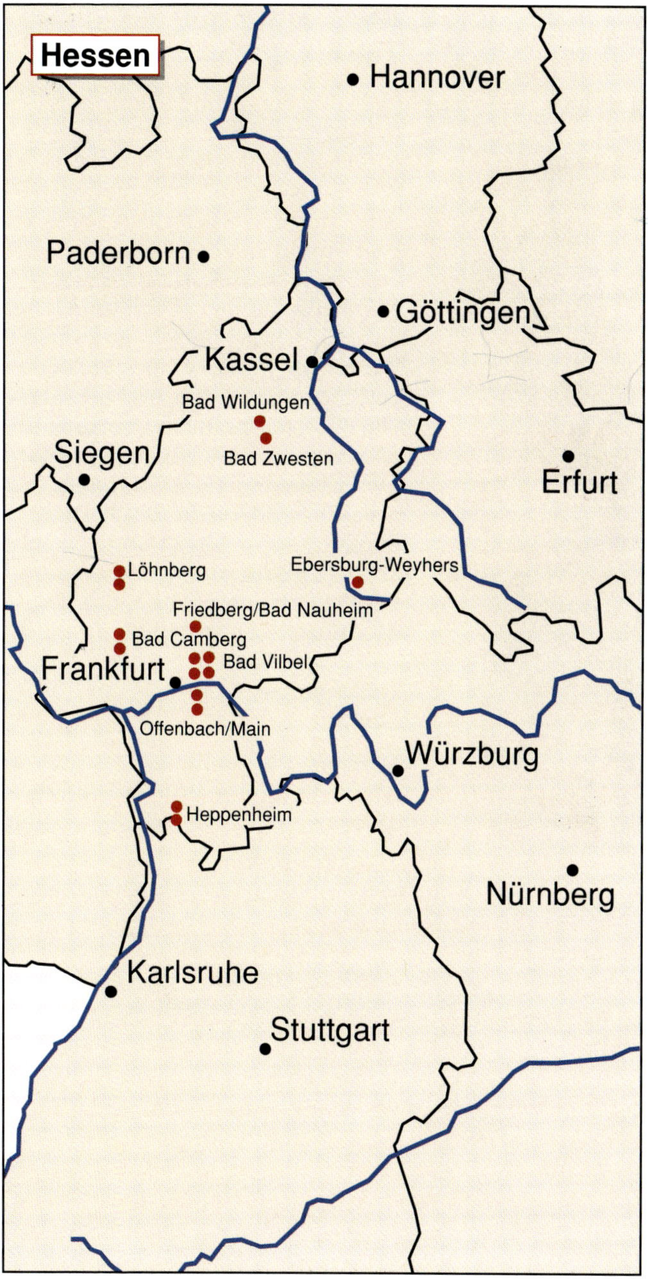

Hessen
Hannover
Paderborn
Göttingen
Kassel
Bad Wildungen
Bad Zwesten
Siegen
Erfurt
Löhnberg
Ebersburg-Weyhers
Friedberg/Bad Nauheim
Bad Camberg
Bad Vilbel
Frankfurt
Offenbach/Main
Würzburg
Heppenheim
Nürnberg
Karlsruhe
Stuttgart

Bad Camberger Taunusquelle

O. S. Mineral- und Heilquellen
Brunnenstraße 1
65520 Bad Camberg-Oberselters

Aus Camberg-Oberselters, vor ein paar Jahren zu »Bad Camberg« avanciert, kommt seit 1994 dieses Mineralwasser der Premium-Klasse, das sich schnell die fein gedeckten Tische der Spitzengastronomie erobert hat. Die Flasche, nach Art einer Kristallkaraffe mit Stöpsel, ist tischfein, und das Wasser ist es auch. Seit Jahrtausenden ist es durch weiches Sandgestein und harten Schiefer, durch Quarz und vulkanisches Eruptivgestein gesickert, um mineralisch angereichert jetzt die Menschen zu erfreuen.

Natrium 149
Kalium 5
Calcium 60
Magnesium 17
Chlorid 120
Sulfat 29
Hydrogencarbonat 430

Geschmack:
Neutral

Sorten:
Mit voller und reduzierter Kohlensäure

Anwendung:
Edles Tischwasser; für Weinproben, zum Mixen

Mineralien:
Geringe, ausgewogene Mineralisation

Bad Vilbeler UrQuelle

Bad Vilbeler Urquelle
Mineralbrunnen GmbH & Co. KG
Postfach 1105
61101 Bad Vilbel

Es ist nicht Pfarrer Kneipp, der das Etikett ziert, obwohl der auch gut passen würde, sondern der Landvermesser Friedrich Grosholz (1810 bis 1888). Er war der erste »Marketing-Manager« im vorigen Jahrhundert, der mit Vilbeler Wasser gefüllte Tonkrüge verkaufte. Grosholz ist der Stammvater des Luisen Brunnen, aus dem die UrQuelle einst hervorging.

Geschmack:
Leicht mineralisch

Sorten:
Still, mit mäßig Kohlensäure

Anwendung:
Allroundwasser für Freunde eines weniger sprudelnden Wassers; zum Kochen, Mixen

Mineralien:
Ausgewogene mittlere Mineralisation

Natrium 97
Kalium 18
Calcium 126
Magnesium 21
Chlorid 69
Sulfat 32
Hydrogencarbonat 613

Bad Wildunger Georg-Viktor-Quelle Helenenquelle Reinhardsquelle Heilwasser

Hessisches Staatsbad
Postfach 1263
34535 Bad Wildungen

Schon 1378 wurde die Heilkraft der Wildunger Quellen bekannt, ab dem 17. Jahrhundert entwickelte sich der Badebetrieb. Die Reinhardsquelle wurde vor 100 Jahren im Nachbardorf entdeckt. Jetzt ist dort das größte Kur- und Reha-Zentrum der Rentenversicherungsträger. Das »Nierenbad« Bad Wildungen sei unter vielen anderen Badeorten als mustergültiges Beispiel angeführt.

BAD WILDUNGEN HESSISCHES STAATSBAD
BAD REINHARDSQUELLE GmbH

Geschmack:
Mehr oder weniger mineralisch

Anwendung:
Zum täglichen Verbrauch und zur Selbstmedikamentation; optimale Mineralergänzung. Bei Kuranwendung sind die Indikationen Niere, Blase, Stoffwechsel angezeigt

Mineralien:
Unterschiedliche Mineralisation; die Helenenquelle gehört mit 5 g/l Mineralien zu den stärksten Deutschlands; die Georg-Viktor-Quelle ist mit 11 mg/l eine der eisenhaltigsten.

	Georg-Viktor-Quelle	*Helenen-quelle*	*Reinhards-quelle*
Natrium	*42*	*724*	*13*
Kalium	*4*	*15*	*3*
Calcium	*202*	*312*	*152*
Magnesium	*103*	*245*	*67*
Chlorid	*8*	*608*	*11*
Sulfat	*56*	*22*	*34*
Hydrogencarbonat	*1189*	*3068*	*788*

Elisabethen Quelle

Hassia & Luisen Mineralquellen
Bad Vilbel GmbH & Co.
Postfach 1160
61101 Bad Vilbel

Dieses Wasser stammt zwar auch aus dem überreichen Reservoir unter Bad Vilbel, dennoch ist es ein Musterbeispiel dafür, wie unterschiedlich nachbarliche Wässer sein können. Während Hassia und Luisen noch eine gewisse Verwandtschaft zeigen, ist die Elisabethen Quelle ganz anders. Nach Auskunft des Betriebes will man damit vor allem »selbstbewußte Frauen zwischen 20 und 49 Jahren« ansprechen. Hassia & Luisen waren schon vor ihrer Fusion 1982 gemeinsam an diesem Brunnen beteiligt.

Geschmack:
Neutral

Sorten:
Volle Kohlensäure, »Sanfte Quelle« mit mittlerer und »Stille Quelle« mit wenig Kohlensäure

Anwendung:
Allroundwasser; gut zum Kochen und Mixen; für kochsalzfreie Diäten, für Babynahrung

Mineralien:
Geringe, ausgewogene Mineralisation, praktisch kochsalzfrei

Natrium 8
Kalium 4
Calcium 117
Magnesium 23
Chlorid 9
Sulfat 51
Hydrogencarbonat 405

Finkenbach Quelle

Finkenbach-Quelle H. J. Strauch
64757 Finkenbach

Das mineralische Superleichtgewicht kommt aus der Tiefe einer einsamen waldreichen Gegend im südlichen Naturpark Bergstraße-Odenwald. Unter massiven Gesteinsformationen aus Granit, Kalk- und Sandstein befindet sich ein großes Wasserreservoir, von dem die Finkenbach-Quelle ihr Wasser bezieht.

Geschmack:
Absolut neutral

Sorten:
»Classic« mit voller und »Medium« mit reduzierter Kohlensäure

Anwendung:
Gegen den puren Durst; zum Kochen, Mixen, bei Tisch; für Babynahrung und natriumarme Ernährung

Mineralien:
Mit die niedrigste Mineralisation Deutschlands; kochsalzfrei und auch sonst »nichts drin«

Natrium 1
Kalium 3
Calcium 12
Magnesium 3
Chlorid 1
Sulfat 2
Hydrogencarbonat 51

Hassia Sprudel
Hassia Leicht

Natrium 225
Kalium 21
Calcium 219
Magnesium 40
Chlorid 129
Sulfat 28
Hydrogencarbonat 1239

Hassia & Luisen Mineralquellen
Bad Vilbel GmbH & Co.
Postfach 1160
61101 Bad Vilbel

Der inmitten des Kurparks sprudelnde Hassia Sprudel ist der älteste Bad Vilbels. 1955 wurde er als Heilwasser anerkannt. Er wird für Bade- und Trinkkuren verwendet. Hassia & Luisen führt seine Ursprünge auf den 1864 gegründeten »Hassia Sprudel« von Johann Hinkel und den 1875 eröffneten »Luisen Brunnen« des Friedrich Grosholz in der Quellenstadt am Südrand der Wetterau zurück. 1982 fusionierten die beiden Brunnenbetriebe und wurden größtes Familienunternehmen der Branche. Mit 600 Mio. Füllungen (1995) zählt es zu den fünf Branchengrößten.

Geschmack:
Leicht mineralisch, harmonisch

Sorten:
»Hassia Leicht« mit wenig, »Hassia Sprudel« mit voller Kohlensäure

Anwendung:
Allroundwasser; zum Kochen, Mixen, nach Sport & Spiel

Mineralien:
Ausgewogene mittlere Mineralisation

Kaiser Friedrich Quelle Kaiser Friedrich Heil-Quelle

Vereinigte Mineral- und Heilquellen GmbH & Co. KG
Ludwigstraße 44
63067 Offenbach

Die große klassische Quelle aus Offenbach mit einem der interessantesten Wässer. Mit Adam Neubecker fing 1888 alles an; er suchte nach Kühlwasser für seine Maschinenfabrik und stieß in 250 Metern Tiefe auf erstklassiges Mineralwasser. Unter 100 Meter Ton und anderen Schichten liegt das jahrtausendealte Wasser, geschützt vor allen oberirdischen Einflüssen. Schon Kaiser Friedrich III. hat die Quelle als »Heilquelle allerersten Ranges« geschätzt, daher der Name.

Natrium 1390
Kalium 17
Calcium 5
Magnesium 4
Chlorid 755
Sulfat 336
Hydrogencarbonat 2044

Geschmack:
Mineralisch, kräftig, leicht salzig

Sorten:
Mit voller, »leicht & fit« mit wenig Kohlensäure

Anwendung:
Ergänzung von Salzverlusten bei Leistungssport, Schwerarbeit, Hitze, Sauna; bei Fieber, nach Erbrechen, gegen Jodmangel, Erkrankungen der Magen-/Darmschleimhaut, Blase, Nieren, Gallenwege, Zucker u.a.

Mineralien: Mit weit über 4 g/l eines der mineralstärksten Wässer; herausragende Werte von 1,26 g/l bei Kochsalz; mit 0,15 mg/l höchster Iodid-Gehalt deutscher Wässer

Luisen Brunnen

Hassia & Luisen Mineralquellen
Bad Vilbel GmbH & Co.
Postfach 1160
61101 Bad Vilbel

Der kleine Kurort Bad Vilbel vor den Toren Frankfurts hat sicher die meisten Quellen innerhalb einer Ortschaft. Es heißt, daß man nur im Vorgarten graben muß, um auf Wasser zu stoßen. Aus den vulkanischen Tiefen des 50 km nordöstlich liegenden Vogelsbergs und aus den Taunusbergen fließen starke Wasseradern mit erstklassigem Mineralwasser bis nach Vilbel. Die Quelle wurde 1875 gebohrt.

Geschmack:
Angenehm mineralisch

Sorten:
Aktivquelle »Classic« mit voller und »Still« mit wenig Kohlensäure

Anwendung:
Sehr gut zur Mineralergänzung für Fitness, Sport, Spiel und Sauna; gutes Seniorenwasser

Mineralien:
Sehr starke Mineralisation mit hohem Calciumanteil

Natrium 299
Kalium 21
Calcium 382
Magnesium 50
Chlorid 424
Sulfat 34
Hydrogencarbonat 1477

Bad Nauheimer

Bad Nauheimer Mineral- und
Heilquellen GmbH
Schwalheimer Straße
61169 Friedberg-Dorheim

Noch eine Quelle aus diesem reichgesegneten Mineralwassergebiet. Vom Vogelsberg und vom Taunus strömen hier die unterirdischen Wässer zusammen. Bad Nauheim ist ein klassischer Badeort, dessen Solequellen schon seit keltischer Zeit genutzt werden. Es gibt sogar ein Salzmuseum, und die Technik der frühen Salzsiederei wurde gründlich erforscht. Neben den Solequellen gibt es auch natriumarme Mineralwässer wie das »Bad Nauheimer«. Aus einem 76 Meter tiefen Brunnen, dessen Wasser nicht durch salzhaltige Schichten geflossen ist, wird es gefördert.

Natrium 15
Kalium 3
Calcium 64
Magnesium 16
Chlorid 7
Hydrogencarbonat 289

Geschmack:
Neutral

Sorten:
Mit voller und mit reduzierter Kohlensäure

Anwendung:
Allroundwasser; zum Kochen, Mixen, für natrium- und kochsalzarme Ernährung und für Säuglingsnahrung

Mineralien:
Sehr gering mineralisiert; 12 mg/l Kochsalz

Neuselters

Neuselters Mineralquelle
(Blaue Quellen AG)
In den Selterswiesen
35792 Löhnberg-Selters

Nahe der Lahn im Naturpark Hochtaunus wird diese bekannte Quelle angezapft, die im Rhein-Main-Gebiet so geschätzt wird. 1887 hat sie der damalige Bürgermeister des kleinen Ortes Selters entdeckt. Und weil er Neu hieß, nannte man diese Quelle eben zur Unterscheidung »Neuselters«. Inzwischen hat man auch den Brunnen mit seinem fast 100 m tiefen Bohrloch vorschriftsmäßig gefaßt. »Selters« war früher das Synonym für Mineralwasser. Heute ist diese Bezeichnung Wässern aus den gleichnamigen Orten bei Weilburg und Bad Camberg vorbehalten.

Natrium 90
Kalium 6
Calcium 100
Magnesium 27
Chlorid 60
Sulfat 6
Hydrogencarbonat 570

Geschmack:
Neutral

Sorten:
Mit voller und reduzierter Kohlensäure

Anwendung:
Allroundwasser; zum Kochen und Mixen

Mineralien:
Geringe, ausgewogene Mineralisation

ObelSelters Kurselters Heilwasser

Natrium 622 (504)
Kalium 16 (13)
Calcium 95 (79)
Magnesium 37 (30)
Chlorid 658 (506)
Sulfat 29 (27)
Hydrogencarbonat 991(840)

ObelSelters Mineral- und
Heilquellen GmbH
Brunnenstraße 1
65520 Bad Camberg-Oberselters

Selters steht zwar viermal im deutschen Ortsverzeichnis, und drei Orte dieses Namens füllen Mineralwasser ab, doch Selters im Taunus hat eine besondere Geschichte. Die dortige Quelle ist seit 1731 bekannt. Die Gegend ist mit Wasser reich gesegnet, und man mußte nicht tief graben, um bestes, durch artesischen Druck`hochkommendes Wasser gewinnen zu können. In der modern eingerichteten Abfüllanlage werden jährlich mehrere Millionen Flaschen für die Kundschaft im Umkreis von 100 Kilometern abgefüllt. Mit ähnlicher Analyse gibt es noch das »Kurselters Heilwasser«.

Geschmack:
Kräftig, vollmundig, leicht salzig

Sorten:
Mit voller Kohlensäure; »Kurselters Heilwasser« mit wenig

Anwendung:
Ausgezeichnete Tageswässer; zur Mineralergänzung nach Sport, Spiel, Sauna; gegen Harnsäuresteine

Mineralien:
Sehr stark mineralisiert mit vielen wertvollen Inhaltsstoffen; (»Kurselters« Heilwasser)

Odenwald Quelle

Odenwald Quelle
Strauch GmbH & Co. KG
Ludwigstraße 100
64646 Heppenheim

Das im weiten Umkreis bekannte Odenwälder Mineralwasser kommt aus einer artesischen Quelle, die in größerer Tiefe des mittleren Odenwaldes angezapft wurde. 1932 wurde das mittlerweile recht bedeutende Familienunternehmen gegründet; jetzt wird es von der zweiten Generation geleitet.

Geschmack:
Leichter Mineralgeschmack, geringfügig salzig

Sorten:
Mit voller und »wenig Kohlensäure«

Anwendung:
Allroundwasser; Mineralergänzung nach Sport, Spiel, Sauna

Mineralien:
Mittlere Mineralisation mit leichter Chloridbetonung

Natrium 370
Kalium 20
Calcium 170
Magnesium 20
Chlorid 760
Sulfat 30
Hydrogencarbonat 300

Rhön Sprudel

Mineralbrunnen Rhön Sprudel
Egon Schindel GmbH
Weikardshof 2
36157 Ebersburg-Weyhers

In der hohen Rhön, am Fuß der Wasserkuppe, fließt diese älteste Quelle des schönen bergigen Naturschutzgebietes bereits seit 1781. Das Wasser nimmt seinen Weg durch tiefes vulkanisches Urgestein und wird dabei gründlich gefiltert, ohne sich allzu stark mit Mineralien anzureichern. Rhön Sprudel gehört zu den zehn größten Mineralwasserfirmen Deutschlands.

Geschmack:
Neutral

Sorten:
»Classic« stark sprudelnd, »Original« mit leicht reduzierter, »Stilles« mit halbierter, »Naturelle« ohne Kohlensäure

Anwendung:
Allroundwasser; zum Kochen und Mixen; für Säuglingsnahrung und natriumarme Ernährung

Mineralien:
Sehr geringe Mineralisation; praktisch natrium- und kochsalzfrei

Natrium 3
Kalium 17
Calcium 45
Magnesium 26
Chlorid 9
Sulfat 17
Hydrogencarbonat 302

Rosbacher
Rosbacher Ur-Quelle
Rosbacher Diana Leichtes

Natrium 85 (30)
Kalium 4 (2)
Calcium 209 (139)
Magnesium
93 (5)
Chlorid 141 (5)
Sulfat 12(15)
Hydrogencarbonat
1079 (432)

Vereinigte Mineral- und Heilquellen
GmbH & Co. KG
Ludwigstraße 44
63067 Offenbach

Aus der ältesten Taunusquelle, gelegen in Rosbach vor der Höhe, kommt dieses im Umkreis von 150 km um Frankfurt am Main besonders beliebte und verbreitete Wasser. Der kleine Ort liegt an der mit Quellen und Bädern (Homburg, Vilbel, Nauheim, Soden) gesegneten Südostkante des Taunus. Seine Wässer waren schon bei Germanen und Römern bekannt. Urkundlich erwähnt sind sie seit 1584. Seit über 100 Jahren wird die Quelle gewerblich genutzt. Man füllt drei unterschiedlich gewichtige Wässer, die aus großer Tiefe durch Kohlensäure nach oben gedrückt und in 100 Meter tiefen Bohrungen aufgefangen werden.

Geschmack:
Angenehm mineralisch

Sorten: Mit voller, »Ur-Quelle« mit wenig Kohlensäure

Anwendung: Allroundwasser; zum Kochen, Mixen; zur Magnesiumergänzung

Mineralien: Mittlere Mineralisation mit hohem Magnesiumanteil (»Diana Leichtes«)

Selters

Selters Mineralquelle
Augusta Victoria GmbH
Seltersweg
35792 Löhnberg-Selters

»Aus Selters an der Lahn« steht auf den Etiketten unter dem Begriff »Selters«, der lange Zeit für sprudelndes Wasser generell gebraucht wurde. An der durch die Lahn gebildeten Trennung von Westerwald und Taunus liegt Löhnberg-Selters, unweit von Weilburg. Als man vor 100 Jahren die Bohrung 40 Meter tief vornahm, schoß das Wasser als hohe Fontäne durch den angestauten Kohlensäuredruck mit 10 Litern in der Sekunde aus der Erde. Das Wasser wurde international bekannt und in viele Länder versandt. Seit drei Jahrzehnten gehört der Brunnen zur Binding Brauerei. Mit einer schick gestylten Flasche in »Blau« steht dieses Wasser auch auf vielen Tischen der gehobenen Gastronomie.

Natrium 290
Kalium 10
Calcium 110
Magnesium 40
Chlorid 260
Sulfat 20
Hydrogencarbonat 850

Geschmack:
Leicht mineralisch, kaum salzig

Sorten:
Mit voller und »leicht« mit reduzierter Kohlensäure

Anwendung:
Allroundwasser; zum Kochen, Mixen, als Essensbegleiter

Mineralien:
Ausgewogene mittlere Mineralisation

Zwestener Löwensprudel

Zwestener Löwensprudel
GmbH & Co. KG
Niederurffer Straße 1
34596 Bad Zwesten

Geologen sagen, dieses Wasser kommt aus dem Grenzgebiet von Rheinischem Schiefergebirge und Niederrheinischer Senke und tritt an einer Südost-Nordwest streichenden Verwerfung aus. Laien erfreuen sich einfach an diesem guten Wasser, das aus einer relativ gut besetzten Quellengegend links der Fulda – Bad Wildungen ist nicht weit – stammt und eine angenehme und nützliche Zusammensetzung hat. Als Heilwasser gibt es die »Zwestener Löwen Quelle« mit hohem Fluoridgehalt.

Geschmack:
Angenehm mineralisch, kräftig, leicht salzig

Sorten:
Mit voller und reduzierter Kohlensäure

Anwendung:
Zur Mineralergänzung; nach Sport, Spiel, Sauna

Mineralien:
Bis auf Kalium stark und ausgewogen mineralisiert

Natrium 452
Kalium 8
Calcium 188
Magnesium 85
Chlorid 685
Sulfat 361
Hydrogencarbonat 649

Ostdeutschland
Rostock
Güstrow
Schwerin
Grüneberg
Berlin
Potsdam
Wiesenburg
Magdeburg
Wernigerode
Jessen
Bad Liebenwerda
Halle
Eilenburg
Bad Lauchstädt
Oppach
Dresden
Erfurt
Niederlichtenau
Müglitztal
Chemnitz
Schmalkalden
Zwickau
Bad Brambach

Bad Brambacher

Bad Brambacher
Mineralquellen GmbH & Co. KG
Sprudelstraße 15
08648 Bad Brambach

Natrium 15
Kalium 3
Kalzium 84
Magnesium 19
Chlorid 13
Sulfat 32
Hydrogencarbonat 395

In dem kleinen Zipfel des oberen Vogtlandes, der 20 km tief in die Tschechische Republik hineinragt, liegt das kleine Staatsbad. Die Quellen, aus denen geschöpft wird, findet man weit außerhalb des Ortes. Es ist ein »natürlicher Mineralwasseraustritt«, der 1930 in Keramik gefaßt, aber nie offiziell genutzt wurde. Erst 1992 bohrte man daneben den Henri-Klinkert-Brunnen 100 m tief durch Schiefer und Gneis. Bad Brambacher gehört zum »eisenhaltigen« bayrisch-böhmischen Bäderdreieck. Die 21 mg/l Eisen entfernt man aber, weil das Wasser ansonsten trüb wäre. Ein Heilwasser »mit« ist geplant.

Geschmack:
Neutral

Sorten:
Mit voller und reduzierter Kohlensäure

Anwendung:
Allroundwasser; zum Kochen, Mixen; für natriumarme Ernährung und für Babynahrung

Mineralien:
Gering mineralisiertes, ausgewogenes Wasser

Grüneberg

Brandenburgische Mineralquelle
Grüneberg GmbH
Nordbahnstraße 6
16775 Grüneberg/Brandenburg

50 km nördlich von Berlin, unweit der Schorfheide, wird dieses Wasser aus einem 85 m tiefen Brunnen gewonnen. Er wurde 1977 in eiszeitliche Gesteinsschichten gebohrt. Die Privatbrauerei Diebels (Issum) ist Besitzer der Quelle und hat zunächst einmal viel investiert, um Grüneberg zu einem modernen Betrieb umzugestalten.

Natrium 20
Kalium 2
Calcium 100
Magnesium 10
Chlorid 31
Kieselsäure 32
Hydrogencarbonat 369

Geschmack:
Neutral

Sorten:
»Classic« mit voller, »Medium« mit reduzierter Kohlensäure

Anwendung:
Allroundwasser; ideal als Essensbegleiter, zum Kochen, Mixen und für Babynahrung

Mineralien:
Sehr geringe, leicht calciumbetonte Mineralisation

Güstrower Schloßquell

Güstrower Schloßquell GmbH
Am Berge 7
18273 Güstrow

Hier ist reinstes Mecklenburg: flaches Land, viele große und kleine Seen der Mecklenburgischen Seenplatte, Bäche und Flüßchen, aber kaum Mineralwasser. Jedenfalls gibt es so gut wie keine gebohrten Brunnen, aus denen man es aus tiefer Erde nach oben befördern könnte. Die Mineralbrunnen Überkingen Teinach AG hat aber eine alte Quelle im Herzen dieses Gebietes übernommen und mit hohen Investitionen auf den neuesten Stand gebracht. Mit dem ansprechenden Mineralwasser deckt man den Bedarf im weiten Umkreis.

Natrium 16
Kalium 2
Calcium 93
Magnesium 13
Chlorid 20
Sulfat 41
Hydrogencarbonat 313

Geschmack:
Neutral

Sorten:
Mit voller und mit reduzierter Kohlensäure

Anwendung:
Allroundwasser; zum Kochen, Mixen, für natrium- und kochsalzarme Ernährung und für Säuglingsnahrung

Mineralien:
Gering mineralisiertes Wasser; nur 33 mg/l Kochsalz

Himmelsberger

Himmelsberger Mineralbrunnen GmbH
Rehainer Straße 11, 06917 Jessen

1992 begann die Himmelsberger Quelle zu sprudeln. Der Ort Jessen liegt 23 km südöstlich der Lutherstadt Wittenberg. Seinen Namen hat die Quelle vom Himmelsberg, der mit 134 Metern genauso hoch wie die Mineralwasserquelle tief ist. Eine dicke Tonschicht schützt das jahrhundertealte Mineralwasservorkommen, das als »Geschenk des Himmels« von einem Wünschelrutengänger gefunden wurde. Schon bald war das »Himmelsberger« im weiten Umkreis sehr beliebt. Im Besitz von Brohler.

Natrium 16
Kalium 2
Calcium 8
Magnesium 8
Chlorid 5
Sulfat 2
Hydrogencarbonat 195

Geschmack:
Neutral, angenehm leicht

Sorten:
Mit voller und »Medium« mit wenig Kohlensäure

Anwendung:
Gutes Allroundwasser; zum Kochen, Mixen, für natriumarme Ernährung und für Babynahrung

Mineralien:
Sehr gering mineralisertes Wasser, praktisch kochsalzfrei

Ileburger Schloßbrunnen

Ileburger Schloßbrunnen
Neue Welt
04838 Eilenburg

Aus dem Landschaftsschutzgebiet am Rand der Dübener Heide kommt dieses Wasser. Und der Slogan dafür lautet stolz: »Natürlich, sächsisch, frisch!« Durch viele Schichten – wie Mergel, Feinsand, Ton – mußte man in der vulkanischen Bruchzone des dortigen Mittelgebirges bohren, um unter einer mächtigen undurchlässigen Tonlage an die wasserführende Schicht heranzukommen. Der Betrieb gehört Franken Brunnen. Mittlerweile sind drei weitere Bohrungen durchgeführt und für 50 Millionen DM ist ein supermoderner Produktionsbetrieb errichtet worden.

Natrium 9
Kalium 2
Calcium 71
Magnesium 10
Chlorid 11
Sulfat 7
Hydrogencarbonat 270

Geschmack:
Neutral

Sorten:
Mit voller und reduzierter Kohlensäure

Anwendung:
Allroundwasser; zum Kochen, Mixen, für natrium-, kochsalzarme Ernährung und Säuglingsnahrung

Mineralien:
Sehr niedrig mineralisiertes Wasser

Lauchstädter Heilbrunnen

Bad Lauchstädter Heil-
und Mineralbrunnen GmbH
Querfurter Straße 11–13
06246 Bad Lauchstädt

Etwa um 1700 wurde dieses Heilwasser von Professor Dr. Friedrich Hoffmann als aus dem Boden sprudelnde Quelle entdeckt. Er war einer der größten Ärzte seiner Zeit und Begründer der Medizinischen Fakultät der Universität Halle. Das Wasser gewann schnell einen hervorragenden Ruf wegen seiner großen Heilkraft. In einem Fachbuch schrieb Hoffmann: »Das Lauchstädter Wasser ist von unermeßlichem Nutzen.« Auch Goethe, der 20 Jahre lang Theaterdirektor in Lauchstädt war, Schiller und Wagner tranken gerne Lauchstädter. Die Bezeichnung »neu« auf dem Etikett besagt, daß das Wasser aus neuen Bohrungen stammt. Es ist das einzige abgefüllte Heilwasser der östlichen Bundesländer.

Natrium 56
Kalium 12
Calcium 177
Magnesium 45
Chlorid 67
Sulfat 399
Hydrogencarbonat 339

Geschmack:
Zart mineralisch

Sorten:
Mit Kohlensäure angereichert

Anwendung:
Vorbeugung und Nachbehandlung von Oxalat-Harnsteinen, chronische Harnwegsinfekte, Besserung des Befindens; auch gutes Allgemeinwasser für den Dauergebrauch

Mineralien:
Mittlere ausgewogene Mineralisation mit relativ viel Sulfat

Lichtenauer

Mineralquellen Niederlichtenau
GmbH
Brunnenstraße 36
09244 Niederlichtenau

In der erzgebirgischen Senke – gut ein Dutzend Kilometer nordöstlich von Chemnitz – befindet sich diese junge Quelle, die erst seit wenigen Jahren sprudelt. Das Wasser, welches dort im Zschopautal aus 130 Metern Tiefe nach oben befördert wird, ist freilich Jahrhunderte alt, und es ist von makelloser Reinheit. Schnell wurde es populär und mit weit über 150 Millionen Flaschen jährlich zu einer der führenden Marken in den ostdeutschen Ländern. Hinter dem Brunnen steht Hassia & Luisen aus Bad Vilbel.

Geschmack:
Absolut neutral

Sorten:
Mit voller und mit wenig Kohlensäure

Anwendung:
Allroundwasser; zum Kochen, Mixen; für natriumarme Ernährung und für Babynahrung

Mineralien:
Sehr gering mineralisiert, ohne herausragendes Mineral

Natrium 12
Kalium 2
Calcium 56
Magnesium 9
Chlorid 15
Sulfat 52
Hydrogencarbonat 160

Bad Liebenwerda

Mineralquellen Bad Liebenwerda GmbH
04924 Bad Liebenwerda

Im Breslau-Magdeburger Urstromtal an der Schwarzen Elster, die kurz dahinter in die Elbe mündet, finden wir die kleine Kreisstadt Bad Liebenwerda. Seit langem schon ist sie anerkanntes Eisenmoorbad, doch es gibt dort auch ein gutes Mineralwasser. Aus tiefen Erdschichten der Fläming-Niederlausitzer Endmoränen fördert man seit 1990 dieses Wasser mit neuen Bohrungen.
35 Millionen DM hat die Egon Schindel Holding (Rhön-Sprudel) für einen vorbildlichen Betrieb – außerhalb der Stadt, inmitten eines Waldes gelegen – investiert.

Natrium 5
Kalium 1
Calcium 11
Magnesium 2
Chlorid 6
Sulfat 2
Hydrogencarbonat 55

Geschmack:
Neutral

Sorten:
Mit voller und reduzierter Kohlensäure

Anwendung:
Allroundwasser; zum Kochen, Mixen, für natrium- und kochsalzfreie Ernährung und für Säuglingsnahrung

Mineralien:
Eines der mineralärmsten deutschen Wässer

Margonwasser

Margon Brunnen GmbH & Co.
Burkhardswalde
01809 Müglitztal

Zwischen Erzgebirge und Elbtal liegt das malerische Müglitztal, in dem aus zehn Brunnen von 108 bis 150 Metern Tiefe das Margonwasser nach oben kommt. Diese Wässer werden so gemischt, daß eine stets gleiche Mineralisation erreicht wird. Vor 100 Jahren wurde das »Augenwasser« entdeckt und erlangte in der Folge einen großen Ruf; heutzutage trinkt man es lieber. Der Besitzer, Gerolsteiner-Brunnen, investierte nach der Übernahme von 1990 bis 1995 über 92 Millionen Mark in die Modernisierung. Zur Zeit werden vom Marktführer in den neuen Bundesländern etwa 120 Millionen Flaschen jährlich auf modernsten Hochleistungs-Abfüllanlagen abgefüllt.

Natrium 20
Kalium 1
Calcium 84
Magnesium 17
Chlorid 31
Sulfat 113
Hydrogencarbonat 201

Geschmack:
Neutral

Sorten:
Mit voller, als »Medium« mit reduzierter Kohlensäure

Anwendung:
Tageswasser für viele Zwecke; zum Kochen, Mixen, für Säuglingsnahrung

Mineralien:
Geringe Mineralisation

Märkischer Mineralbrunnen

Märkischer Mineralbrunnen
Potsdam GmbH
Berliner Kindl Brauerei AG
Werbellinstraße 50, 12053 Berlin

Während der Eiszeit wurde der märkische Boden durch die Bewegung gewaltiger Eismassen geformt, und das Schmelzwasser sammelte sich unter zwei mächtigen, tonhaltigen wasserdichten Schichten in einer Ablagerung zwischen 70 und 80 Metern Tiefe an. Die ganz neu von der Berliner Kindl-Brauerei erschlossene Quelle liegt in der Nähe von Potsdam.

Natrium 66
Kalium 2
Calcium 42
Magnesium 7
Chlorid 18
Hydrogencarbonat 329

Geschmack:
Neutral

Sorten:
Mit voller und als Sorte »leicht« mit reduzierter Kohlensäure

Anwendung:
Allroundwasser; zum Kochen, Mixen; für kochsalzarme Ernährung

Mineralien:
Ausgewogenes, sehr gering mineralisiertes Wasser mit nur 30 mg/l Kochsalz

Oppacher

Oppacher Mineralquellen
Brunnenstraße 1
02736 Oppach

In einem unberührten Teil des Oberlausitzer Berglandes, ungefähr zwischen Bautzen und Zittau, liegt dieser Brunnenbetrieb, der nach einer vollständigen Modernisierung seit 1993 auf vollen Touren arbeitet. Das Unternehmen befindet sich im Besitz des Investors Hans Jürgen Strauch (Odenwald Quelle). Mit dem Slogan »sächsisch gut« überzeugt man die Kunden im weiten Umkreis.

Geschmack:
Neutral

Sorten:
»Classic« volle, »Medium« reduzierte Kohlensäure

Anwendung:
Allroundwasser; zum Kochen, Mixen, für Babynahrung, natrium- und kochsalzarme Diäten

Mineralien:
Mineralisches Leichtgewicht; fast kochsalzfrei

Natrium 10
Kalium 2
Calcium 30
Magnesium 6
Chlorid 13
Sulfat 71
Hydrogencarbonat 46

Prinzenburger Felsenquelle Karat

Fläming Quellen GmbH & Co.
Mehlbeerenweg 2
14827 Wiesenburg

Im tiefen Urgestein des Naturparks Hoher Fläming – 45 km südlich der Stadt Brandenburg – liegt diese Quelle, die einzige im weiteren Umkreis und eine der wenigen des Bundeslandes Brandenburg. Vier Brunnen bis zu 165 m Tiefe hat man in die eiszeitlich sandigen, schluffig-tonigen und anderen Schichten der Grundmoränenlandschaft gebohrt, um dieses edle Wasser zutage fördern zu können. Mit fast gleicher Analyse kommt von den Fläming Quellen auch »Karat« – als einziges Mineralwasser übrigens in der wiederverschließbaren Kartonpackung.

Natrium 7 (5)
Kalium 1 (1)
Calcium 57 (47)
Magnesium 6 (6)
Chlorid 10 (6)
Sulfat 27 (17)
Hydrogencarbonat 186 (160)

Geschmack:
Neutral

Sorten:
Mit voller und reduzierter Kohlensäure; Karat nur still

Anwendung:
Allroundwasser; zum Kochen, Mixen, für natrium- und kochsalzarme Ernährung, für Säuglingsnahrung

Mineralien:
Sehr niedrige Mineralisation (»Karat«)

Schildetaler

Fruchtquell
Getränkeindustrie GmbH & Co. KG
Kogeler Weg 35
19243 Dodow

Das zur Riha-Wesergold-Getränkegruppe (Rinteln) gehörende Unternehmen ist einer der sehr wenigen Brunnenbetriebe in Mecklenburg-Vorpommern. Im flachen mecklenburgischen Land, in dem Dörfchen Dodow an der kleinen Schilde, liegt diese nagelneue Quelle. 72 m tief mußte man bohren, um nach entsprechend positiv ausgefallenen geologischen Gutachten die Wasserader dort zu entdecken. Das Wasser kommt durch eigenen Druck hoch.

Natrium 27
Kalium 2
Magnesium 5
Calcium 57
Chlorid 45
Sulfat 27
Hydrogencarbonat 162

Geschmack:
Neutral

Sorten:
Mit voller und reduzierter Kohlensäure

Anwendung:
Vielseitiges Wasser; zum Kochen und Mixen, für kochsalzarme Diäten

Mineralien:
Sehr geringe Mineralisation

Schillerbrunnen Bad Lauchstädt

Heil- und Mineralbrunnen GmbH
Bad Lauchstädt
Querfurter Straße 11–13
06246 Bad Lauchstädt

Natrium 45
Kalium 13
Calcium 159
Magnesium 41
Chlorid 46
Sulfat 286
Hydrogencarbonat 409

Auf dem Gelände des legendären Lauchstädter Heilbrunnens (s. dort) wurde eine neuer Brunnen gebohrt, dessen Mineralwasser seit 1992 unter der Bezeichnung »Schillerbrunnen« verkauft wird. Den Namen wählte man deshalb, weil an dieser Stelle einst eine Gartenlaube gestanden haben soll, in der sich Friedrich Schiller verlobt hat. Der mit Millionenaufwand modernisierte Betrieb wurde geschickt in die alten Kuranlagen eingebunden. Das allerdings bedeutet auch eine Begrenzung der Kapazität. Man ist also dabei, für den stark wachsenden Absatz in Sachsen, Sachsen-Anhalt und Thüringen neue Anlagen an anderer Stelle des Städtchens zu errichten.

Geschmack:
Neutral

Sorten:
Mit voller und reduzierter Kohlensäure

Anwendung:
Allroundwasser; zum Kochen, Mixen

Mineralien:
Mittlere, ausgewogene Mineralisation, nur 76 mg/l Kochsalz

Thüringer Waldquell Rennsteig Sprudel

Thüringer Waldquell
Mineralbrunnen GmbH
Kasseler Straße 76
98574 Schmalkalden

Tief unter dem Südwestabhang des Thüringer Waldes nahe dem geschichtsträchtigen Städtchen Schmalkalden verlaufen die ergiebigen Wasseradern, aus denen diese beiden Quellen ihr natürliches Mineralwasser beziehen. Mit ihrem, nach hydrogeologischen Messungen etwa 170 Jahre alten Wasser hat die 50 Meter tiefe Rennsteig Quelle naturgemäß weniger Mineralien als der aus 80 Meter Tiefe hochgeholte, 400 Jahre »alte« Waldquell. Der Betrieb gehört zu Apollinaris & Schweppes, wurde gründlich modernisiert und ist heute der größte Hersteller von alkoholfreien Getränken in Thüringen.

Natrium 28 (12)
Kalium 3 (4)
Calcium 106 (73)
Magnesium 50 (27)
Chlorid 40 (15)
Sulfat 241 (141)
Hydrogencarbonat 281 (186)

Geschmack:
Neutral

Sorten:
Mit voller, mittlerer und wenig Kohlensäure

Anwendung:
Allroundwässer; zum Kochen, Mixen; »Rennsteig« für natriumarme Ernährung und für Säuglinge

Mineralien:
Geringe, beziehungsweise sehr geringe Mineralisation mit überproportionalem Sulfatanteil (»Rennsteig«)

Wernigeröder

Wernigeröder Mineralquellen GmbH
Schreiberstraße 74
38855 Wernigerode

Am nördlichen Rand des Oberharzes, gut zehn Kilometer vom Hexenberg Brocken entfernt, wird dieses Wasser aus einem 51 m tiefen Brunnen im Isenburgmergel gewonnen. Das Unternehmen konnte gerade seine 125jährige Geschichte als kleiner Familienbetrieb feiern. Zunächst war es eine Kornbrennerei, doch 1986 wurde man »alkoholfrei«, fördert und verkauft seitdem nur Mineralwasser und daraus hergestellte Brausen. Mit 649 mg/l befindet sich das Wernigeröder in der guten Gesellschaft der schwach mineralisierten Wässer, die für die vielseitigsten Zwecke geeignet sind. Ernährungsphysiologisch wird es Menschen empfohlen, die viel trinken sollen (und wer soll das nicht), die aber den Körper nicht mit anderen Stoffen belasten sollen.

Natrium 25
Kalium 2
Calcium 93
Magnesium 27
Chlorid 35
Sulfat 133
Hydrogencarbonat 269

Geschmack:
Neutral

Sorten:
Mit voller und reduzierter Kohlensäure

Anwendung:
Allroundwasser; zum Kochen, Mixen, für kochsalzarme Diät

Mineralien:
Geringe, ausgewogene Mineralisation

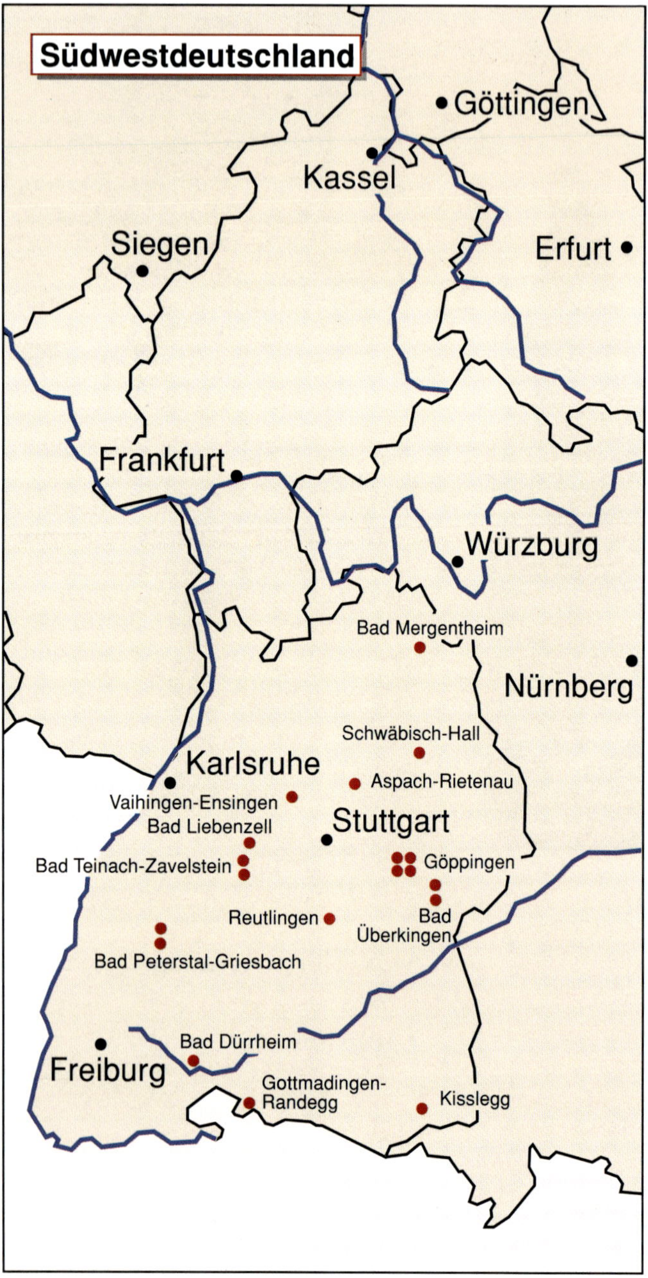
Südwestdeutschland
Göttingen
Kassel
Siegen
Erfurt
Frankfurt
Würzburg
Bad Mergentheim
Nürnberg
Schwäbisch-Hall
Karlsruhe
Aspach-Rietenau
Vaihingen-Ensingen
Bad Liebenzell
Stuttgart
Bad Teinach-Zavelstein
Göppingen
Reutlingen
Bad Überkingen
Bad Peterstal-Griesbach
Bad Dürrheim
Freiburg
Gottmadingen-Randegg
Kisslegg

Adelheid Quelle

Mineralbrunnen AG
73334 Bad Überkingen

Die Schwäbische Alb liefert das Wasser für diese tiefliegende heilsame Quelle, die am Fuße des kleinen Gebirges entspringt. Vor Ort kann man übrigens in diesem Wasser auch baden und es für vielfältige Kuranwendungen zur Gesundung der verschiedensten Gebresten nutzen. Ein weiteres Wasser des großen Wasserkonzerns Mineralbrunnen in Überkingen. Aufgrund der optimalen Wasseranalysen wurde es zur Zulassung als Heilwasser angemeldet.

Geschmack:
Deutlich mineralisch, angenehm kräftig

Anwendung:
Guter Minerallieferant; ideal nach Sport und Spiel, bei Hitzearbeit und Fieber; fördert die Funktion von Magen und Darm, Nieren und Blase und hilft bei Sodbrennen

Mineralien:
Mit fast 5 g ist dieses Heilwasser extrem hoch mineralisiert, wobei allein 3 g Hydrogencarbonat besonders auffallen

Natrium 973
Kalium 31
Calcium 136
Magnesium 107
Chlorid 117
Sulfat 318
Hydrogencarbonat 3001

Bad Dürrheimer Johannisquelle Wittmannsthal Quelle Kristall Weißenberger Quelle Bertoldsquelle Heilwasser

Bad Dürrheimer Mineralbrunnen
GmbH & Co. Heilbrunnen
Seestraße 11
78073 Bad Dürrheim

Als Solbad mit seinen 1826 erbauten Salinen und heilsam für die verschiedensten Krankheiten, hat der hübsche Kurort schon seit langem einen großen Namen. Doch erst 1956 hat der damalige Bürgermeister von Bad Dürrheim und Präsident des Verbandes deutscher Kurorte und Heilbäder, selbstverständlich auch Kurdirektor, Senator h.c. Otto Weißenberger, diese vier Quellen entdeckt. Genauer gesagt, er hatte nicht nur eingehende Kenntnisse der örtlichen Gegebenheiten, beobachtete die Natur konsequent und interpretierte die geo- und hydrologischen Gutachten richtig. Er war sich seiner Sache sicher und gab schließlich den Anstoß zu umfangreichen Probebohrungen. Sie waren in Tiefen zwischen 60 und 140 Metern erfolgreich, und die Analysen ergaben in den Inhaltsstoffen teils fast übereinstimmende, teils abweichende Werte bei den vier Wässern. 1959 lief die erste Flasche vom Band. Heute werden – mit steigender Tendenz – über 180 Millionen Flaschen jährlich abgefüllt. Der Brunnen-Betrieb, einer der drei größten Baden-Württembergs, ist der erste deutsche, der mit dem DIN ISO Zertifikat zur Qualitätssicherung nach der Europanorm ausgezeichnet wurde.

Geschmack:
Neutral, teils angenehm mineralisch

Sorten:
Mit voller und reduzierter Kohlensäure

Anwendung:
Allroundwässer; zum Kochen, Mixen, zur Mineralergänzung; »Weißenberger« auch für Säuglingsnahrung; Heilwasser gegen chronischen Magenkartarrh mit Magensäuremangel, Steinleiden; Harnwege spülend u.a.

Mineralien:
Geringe bis mittlere Mineralisation mit wenig Kochsalz

	Johannisquelle	*Wittmannsthal Quelle*	*Weißenberger Quelle*	*Bertoldsquelle*
Natrium	13	73	5	8
Kalium		2		2
Calcium	289	174	151	325
Magnesium	50	50	41	55
Chlorid				18
Sulfat	610	287	229	737
Hydrogencarbonat	364	338	371	342

Bad Mergentheimer Karlsquelle Albertquelle Heilwasser

Kurverwaltung Bad Mergentheim
Lothar-Daiker-Straße 4
97980 Bad Mergentheim

Die erste örtliche Quelle wurde 1826 durch einen Schäfer entdeckt, dessen Schafe gierig das salzige Wasser schlürften. Später fand man Spuren einer prähistorischen Salzgewinnung, bei der Sole über erhitzte Steine geleitet wurde. In Dutzenden von wissenschaftlichen Abhandlungen ist die heilsame Wirkung der Mergentheimer Quellen beschrieben. Erstaunlich, wie weit die Natur mit der Anreicherung eines Mineral- oder Heilwassers geht.

Natrium
4795 (12830)
Kalium
114 (285)
Calcium
782 (802)
Magnesium
389 (759)
Chlorid
6382 (16520)
Sulfat
3860 (7315)
Hydrogencarbonat
1403 (3074)

Geschmack:
Stark mineralisch, salzig, medizinisch

Sorten:
Mit geringer Kohlensäure

Anwendung:
Vielfältige Heilanwendungen nach ärztlicher Verordnung

Mineralien:
Extreme Mineralisation bei der Karlsquelle mit 18 g/l, aber den Weltrekord hält die Albertquelle (in Klammern) mit 42 g/l Mineralien

Ensinger Sport

Ensinger Mineral-Heilquellen GmbH
Horrheimer Straße 28
71665 Vaihingen/Enz 6-Ensingen

Im zauberhaften Naturpark Stromberg/Heuchelberg liegt der kleine, zu Vaihingen gehörende Ort Ensingen, aus dem dieses bemerkenswerte Wasser stammt. Die Quellen entspringen am Fuße des malerischen Eselsberges, dem ersten von drei Strombergausläufern. Der Brunnen wurde 1952 von der Familie Fritz gegründet und ist noch immer in Familienbesitz.

Geschmack:
Mineralisch, hart, leicht bitter

Sorten:
Mit voller und reduzierter Kohlensäure

Anwendung:
Optimal zur Mineralergänzung; nach Sport, Spiel, Sauna; verdauungsregulierend, abführend

Mineralien:
Sehr stark mineralisiertes Wasser mit herausragendem Magnesium-, Calcium- und Sulfatanteil, bei sehr niedrigem Kochsalzgehalt; mit dieser Konstellation einmalig in Deutschland

Natrium 30
Kalium 8
Calcium 501
Magnesium 156
Chlorid 28
Sulfat 1550
Hydrogencarbonat 393

Freyersbacher
Freyersbacher Alexander-Heilquelle

Brunnen-Union St. Christophorus GmbH
Boller Straße 132
73008 Göppingen-Jebenhausen

1838 entdeckte ein Bauer beim Erdaushub in Peterstal die lebhaft sprudelnde Quelle. Ein Kurbad durfte er nicht eröffnen, doch er verschickte das Wasser in versiegelten Tonkrügen. Nach mehrfachem Besitzerwechsel und Fusion mit drei weiteren Brunnen entstand schließlich 1981 die Brunnen-Union. Längst ist die Quelle vorschriftsmäßig gefaßt, und man man füllt das wertvolle Wasser unter optimalen Bedingungen. Daneben gibt es das Heilwasser »Freyersbacher Alexanderquelle« – ähnlich proportioniert, aber nur etwa halb so hoch mineralisiert.

Natrium 331 (178)
Kalium 24 (14)
Calcium 326 (133)
Magnesium 72 (27)
Chlorid 30 (31)
Sulfat 475 (163)
Hydrogencarbonat 1635 (773)

Geschmack:
Angenehm mineralisch

Sorten:
Mit voller und reduzierter Kohlensäure

Anwendung:
Tageswasser; gut zur Mineralergänzung und Kariesprophylaxe

Mineralien:
Sehr stark mineralisiert, jedoch nur 50 mg/l Kochsalz; mit 2,4 mg/l als »fluoridhaltig« deklariert (»Alexanderquelle«)

Göppinger

Brunnen-Union St. Christophorus
GmbH
Boller Straße 132
73008 Göppingen-Jebenhausen

Natrium
438 (332)
Kalium 32 (27)
Calcium
313 (323)
Magnesium
65 (60)
Chlorid 70 (46)
Sulfat 63 (71)
Hydrogencarbonat
2285 (2066)

Schon um 1400 war diese Quelle sehr berühmt, wie man den Geschichtsbüchern der Stadt Göppingen entnehmen kann. Mit dem Badewesen ging es zwar nach einer frühen Blütezeit abwärts, doch das Göppinger Mineralwasser, das jetzt aus einem 50 m tief in Angulatsandstein gebohrten Brunnen gewonnen wird, hat seinen guten Ruf behalten. 1981 verband man sich mit weiteren Quellen zur Brunnen-Union. Mit verwandter Analyse gibt es das Heilwasser »St. Christophorus Sauerbrunn«.

Geschmack:
Angenehm mineralisch

Sorten:
Mit voller und halbierter Kohlensäure

Anwendung:
Tägliches Wasser; zur Mineralergänzung; Heilwasser gegen Magen/Darmleiden, Stoffwechselerkrankungen, Katarrhe

Mineralien:
Sehr hoher Anteil an gelösten Stoffen; jedoch mit 117 mg/l relativ wenig Kochsalz (St. Christophorus)

Hirschquelle Heilwasser

Mineralbrunnen AG
75385 Bad Teinach

Natrium 220
Kalium 16
Calcium 217
Magnesium 36
Chlorid 32
Sulfat 81
Hydrogencarbonat 1314

Die Hirschquelle kommt wie die Schwesterquelle Teinacher aus Bad Teinach. Interessant, wie stark die Abweichungen beider Quellen im Mineralgehalt trotz ihrer Nähe sind. Bei einigen Werten differiert er um das Doppelte. Von der Hirschquelle werden jährlich mehr als 100 Millionen Flaschen gefüllt. Damit ist diese längst nicht mehr nur in Süddeutschland erhältliche Marke das meistgekaufte Heilwasser Deutschlands.

Geschmack:
Leicht mineralisch

Sorten:
Mit 2,6 g/l Kohlensäure

Anwendung:
Als Heilwasser fördert es die Funktion von Nieren (harntreibend), Blase, Magen und Darm; ansonsten auch gutes Tageswasser und zur Mineralergänzung

Mineralien:
Stark mineralisiertes Wasser mit geringem Kochsalzanteil

Jebenhauser

Brunnen-Union St. Christophorus GmbH
Boller Straße 132
73008 Göppingen-Jebenhausen

Natrium 22
Kalium k. A.
Calcium 329
Magnesium 19
Chlorid 15
Sulfat 40
Hydrogencarbonat 1080

Schon im 16. und 17. Jahrhundert fand in Jebenhausen ein reges Badeleben statt. Jebenhausener Sauerbrunn war beliebt bis in die Schweiz. Wie im benachbarten Göppingen ging es damit aber bergab. Das Wasser, aus einem 30 m tiefen Brunnen hochgeholt, wird aber wohl nie seine Bedeutung verlieren. 1981 erfolgte der Zusammenschluß zur mächtigen Brunnen-Union.

Geschmack:
Neutral

Sorten:
»Sprudel« mit voller, »Sauerbrunn« mit halbierter Kohlensäure

Anwendung:
Allroundwasser

Mineralien:
Mittlerer Gehalt an gelösten Stoffen, ausgeprägter Calciumanteil; nur 25 mg/l Kochsalz

Kisslegger Krumbach

Mineralbrunnen AG
88350 Kissleg/Allgäu

In der schönen, seen- und waldreichen Allgäulandschaft werden diese beliebten Wässer aus großer Tiefe hochgepumpt. Die Gegend ist nicht so reich gesegnet mit Mineralwasserquellen, so daß der große Mineralwasserkonzern auch diese Ecke Deutschlands gut mit den beiden Marken Kisslegger und Krumbach abdeckt.

Natrium 188 (8)
Kalium 3 (3)
Calcium 4 (104)
Magnesium 1 (22)
Chlorid 9 (12)
Sulfat 7 (24)
Hydrogencarbonat 479 (403)

Geschmack:
Neutral, weich

Sorten:
Mit voller und halber Kohlensäure

Anwendung:
Allroundwasser; Krumbach auch für natrium-, kochsalzarme Ernährung und für Babynahrung

Mineralien:
Geringe Mineralisation; recht hoher Natriumanteil, mit 2,1 mg/l wird Kisslegger (in Klammern) als »fluoridhaltig« ausgelobt.

Bad Liebenzeller Paracelsus-Quelle

Kurverwaltung Bad Liebenzell
GmbH
Kurhausdamm 4
75378 Bad Liebenzell

Natrium
278 (314)
Kalium 17 (20)
Calcium 44 (40)
Magnesium 7 (5)
Chlorid 312 (362)
Sulfat 59 (61)
Hydrogencarbonat
337 (336)

Eine uralte Quelle mit langer Geschichte im Kur- und Badewesen. Schon 1403 wurde eine »Badherberge« gebaut. Mit dem Vertrieb des Mineralwassers wurde 1926 begonnen. Der romantische Badeort an der Nagold und der Schwarzwald-Bäderstraße lebt vom Heilen, doch die Wässer finden auch Freunde für den »normalen« Gebrauch. Unentwegt wurde investiert, so daß man jetzt den angestiegenen Bedarf mit modernsten Abfüllanlagen decken kann. Außer Mineralwasser gibt es, mit ähnlicher Analyse, das Heilwasser »Paracelsus«.

Geschmack:
Leicht mineralisch

Sorten:
Mit voller, »Das leichte Stille« mit halber Kohlensäure

Anwendung:
Tageswasser; zahn- und knochenhärtend. Bei Kuranwendung: harntreibend, gegen Darmträgheit, verhütet Harnsäuresteine und Gicht

Mineralien:
Mittlere Mineralisation; mit 2,2 mg/l eines der wenigen stark fluoridhaltigen Wässer; (»Paracelsus-Quelle Heilwasser«)

Peterstaler Rippoldsauer

Peterstaler & Rippoldsauer
Mineralquellen GmbH
77740 Bad Peterstal

Ergiebige Quellen im Schwarzwald, die im weiten Umkreis jeder kennt. 1926 gegründet. Die Quellen in den kohlensäurereichen Magmaschichten sind uralt. Bereits im 13. Jahrhundert stillten Mönche damit ihren Durst. Heute reichen die Bohrungen 100 m tief bis zu ergiebigen Wasseradern. Das Wasser wird als »Peters Val – from the mountains of the Black Forest« auch exportiert, und mit einer bläulichen »Tannenflasche« bietet man die »Schwarzwaldperle« tafelfein für die Gastronomie. Das Heilwasser »Leopoldsquelle« ist fast identisch mit »Rippoldsauer«.

Geschmack:
Leicht mineralisch

Sorten:
Mit voller und mit reduzierter Kohlensäure

Anwendung:
Vielseitiges Tageswasser; Kochen, Mixen; Kariesprophylaxe

Mineralien:
Mittlere Mineralisation; mit 27 mg/l geringer Salzgehalt; alle fluoridhaltig (»Rippoldsauer«)

Natrium 167 (150)
Kalium 12 (10)
Calcium 143 (248)
Magnesium 30 (37)
Chlorid 16 (25)
Sulfat 170 (342)
Hydrogencarbonat 816 (883)

Randegger Ottilien Quelle

Randegger Ottilien Quelle GmbH
Gailinger Straße 7
78244 Gottmadingen-Randegg

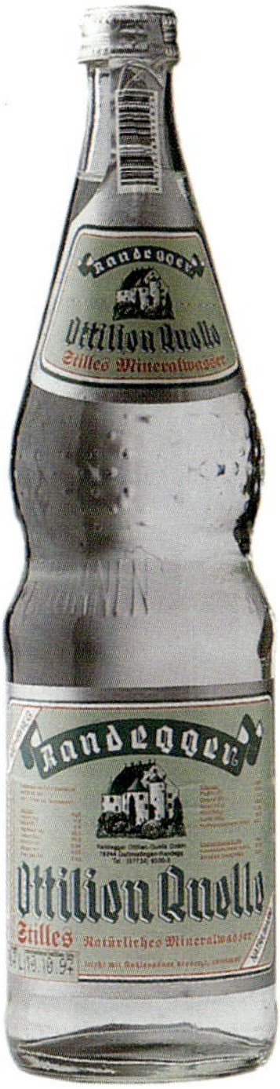

Ein kleiner Familienbetrieb mit einer Tradition über vier Generationen. Vor 400 Jahren wurde das örtliche Quellwasser der heiligen Ottilie geweiht, und Randegg wurde zu einem Wallfahrtsort. In einem Lexikon von 1816 steht schon von einer »reichen Quelle von Gesundheitswasser, welches Eisen und Schwefel mit sich führt« zu lesen. Nun das entfernt man heute, und die Quelle ist seit der Übernahme durch Georg Fleischmann 1891 im weiten Umkreis immer beliebter geworden.

Geschmack:
Neutral

Sorten:
Mit voller und reduzierter Kohlensäure

Anwendung:
Wasser für viele Gelegenheiten; zum Kochen, Mixen, für natriumarme Ernährung und Säuglingsnahrung

Mineralien:
Sehr geringer Mineralanteil, praktisch kochsalzfrei

Natrium 4
Kalium 1
Calcium 2
Magnesium 33
Chlorid 2
Sulfat 25
Hydrogencarbonat 390

Rietenauer

Rietenauer Mineralquellen
(Blaue Quellen AG)
71546 Aspach-Rietenau

Ein kleines Wasserparadies ist dieses Rietenau bei Backnang im Schwäbisch-Fränkischen Wald. Früher war es sogar offiziell ein »Bad«, denn es sprudelt hier eine Reihe von Quellen. Heute ist der Ort ohne »Bad« mit Aspach vereint, und man spricht vor allem vom feinen Rietenauer Mineralwasser aus der Dillenius-Quelle im Rietenauer Quellenpark. Der Betrieb wurde 1989 von den »Blauen Quellen« übernommen, die damit Westdeutschland fast vollständig abdecken.

Geschmack:
Kräftig, herb, mineralisch

Sorten:
Mit voller und reduzierter Kohlensäure

Anwendung:
Allroundwasser; zur Mineralergänzung

Mineralien:
Mittlere Gesamtmineralisation mit ausgeprägt hohem Sulfat-, Calciumanteil und nur 33 mg/l Kochsalz

Natrium 35
Kalium 7
Calcium 412
Magnesium 80
Chlorid 20
Sulfat 1070
Hydrogencarbonat 346

Bad Niedernauer Römerquelle Heilwasser

Brunnen-Union
St.Christophorus GmbH
Boller Straße 132
73008 Göppingen-Jebenhausen

Der Name sagt es schon, daß in früheren Zeiten diese Quelle – wie so manche in Deutschland – von den römischen Besatzern rege genutzt wurde. Der später entstandene Badeort verlor freilich mehr und mehr an Bedeutung. Doch auch hier haben die Menschen bis in unsere Tage den Wert des Wassers als wertvolle Mineralquelle erkannt. In der Nähe von Rottenburg am Neckar liegt der Schloßberg, und an dessen Fuß befindet sich diese heilsame Quelle. Aus bis zu 150 m tiefen Brunnen wird das Wasser nach oben geholt. Die Römerquelle gehört seit 1981 zur Brunnen-Union.

Natrium 11
Kalium 2
Calcium 417
Magnesium 49
Chlorid 18
Sulfat 463
Hydrogencarbonat 932

Geschmack:
Leicht mineralisch, hart

Sorten:
Mittlerer Kohlensäuregehalt

Anwendung:
Bei Leber-, Gallenleiden, Funktionsstörungen von Magen und Darm, Stein- und anderen Leiden (s. Etikett); doch das Wasser kann man in jeder Menge ohne weiteres auch »nur so« trinken

Mineralien:
Stark mineralisiert mit hohem Sulfat- und Calciumanteil, aber wenig Natrium und Kochsalz

Romina

Romina-Quellen
Mineralbrunnen GmbH
72741 Reutlingen-Rommelsbach

»Nach den ^{14}C-Bestimmungen dürfte das Grundwasseralter bei 10 000 Jahren liegen«; so steht es im Gutachten eines amtlichen hydrogeologischen Instituts. Es ist »eiszeitlich rein«. Diese Aussage ist sogar markenzeichenrechtlich geschützt. Das Wasser kommt aus einem ergiebigen, 400 m tiefen, durch mächtige undurchlässige Keuperschichten geschützten Wasserreservoir am Fuße der Achalm. Der Betrieb hat auch für seinen vorbildlichen Umweltschutz einen Namen.

Geschmack:
Völlig neutral

Sorten:
Mit voller Kohlensäure, »Medium« und »Stille Quelle«

Anwendung:
Allroundwasser; gut zum Kochen, Mixen, für Babynahrung und für kochsalzfreie Ernährung

Mineralien:
Sehr geringe Mineralisation, praktisch kochsalzfrei; Nitrit und Nitrat nicht nachweisbar

Natrium 8
Kalium 4
Calcium 137
Magnesium 37
Chlorid 3
Sulfat 202
Hydrogencarbonat 350

Schwarzwald-Sprudel

Schwarzwald-Sprudel
GmbH & Co. KG
Kniebisstraße 43
77740 Bad Peterstal-Griesbach

Natrium 120
Kalium 7
Calcium 190
Magnesium 20
Chlorid 10
Sulfat 240
Hydrogencarbonat 680

412 Jahre ist die Quelle alt, und damit ist sie eine der ältesten der Gegend überhaupt. Zunächst bestand sie nur aus einem geschürften Quellaustritt, doch vor etwa 25 Jahren wurde sie nach neuesten Richtlinien als vorschriftsmäßige Tiefenbohrung auf 220 m Tiefe ausgebaut. Die Gegend am Kniebis-Massiv ist recht wasserträchtig, und so fördert man auch hier genug natürliche Mineralwässer, um durstige Seelen in Baden-Württemberg, Bayern, ja selbst in Hessen zu versorgen.

Geschmack:
Neutral

Sorten:
Mit voller, mit halbierter und mit stark reduzierter Kohlensäure

Anwendung:
Allroundwasser; zum Kochen, Mixen, für kochsalzarme Ernährung

Mineralien:
Mittlere ausgewogene Mineralisation

Teinacher

Mineralbrunnen AG
75385 Bad Teinach

Dieses Mineralwasser entspringt in dem hübschen kleinen Tal der Teinach in Bad Teinach an der Schwarzwald-Bäderstraße. Die Quelle befindet sich 100 m tief im Buntsandstein und ist bereits seit dem 14. Jahrhundert bekannt. Längst wurde sie neu gebohrt und den neuzeitlichen Vorschriften angepaßt. Es ist eine der fünf baden-württembergischen Quellen des großen Mineralwasserkonzerns.

Natrium 120
Kalium 11
Calcium 120
Magnesium 30
Chlorid 20
Sulfat 40
Hydrogencarbonat 750

Geschmack:
Neutral

Sorten:
Mit voller, »still« mit halber Kohlensäure

Anwendung:
Allroundwasser

Mineralien:
Ausgewogene mittlere Mineralisation

Überkinger

Mineralbrunnen AG
73334 Bad Überkingen

Schon im Mittelalter wurden die warmen Quellen im Filstal auf der schwäbischen Alb wegen ihrer wohltuenden Wirkung gerne zum Baden aufgesucht. Die ebenfalls hervorquellenden kalten Wässer wendete man innerlich an. Seit dem Dreißigjährigen Krieg wurde das Wasser in Tonkrügen abgefüllt, seit 125 Jahren geschieht dies in Flaschen. In Süddeutschland, vor allem in Bayern, ist Überkinger als eine der traditionsreichsten Marken seit langem Synonym für Mineralwasser.

Geschmack:
Mineralisch, leicht bitter

Sorten:
»Rot« mit voller, »Blau« (still) mit reduzierter Kohlensäure

Anwendung:
Ideal zur Mineralergänzung; nach Spiel, Sport, Leistungssport, Sauna; verdauungsfördernd, in größeren Mengen abführend

Mineralien:
Extrem stark mineralisiertes Wasser, mit besonders hohem Sulfatanteil.

Natrium 990
Kalium 18
Calcium 20
Magnesium 22
Chlorid 100
Sulfat 1110
Hydrogencarbonat 1450

Wildbadquelle

Wildbadquelle Mineralbrunnen
GmbH & Co. KG
Ritterstraße 6
74523 Schwäbisch Hall

Vom 13. bis Ende des 19. Jahrhunderts wurde das »Wildbad in Hall« eher für äußere Wasseranwendungen genutzt. Dann erkannte man die Vorzüge dieses Wassers als wundervolles Mineralwasser. Dennoch wurden die Brunnenanlagen zur Jahrhundertwende wegen Straßenverlegungen abgerissen. Erst 1976 wurden 60 bis 100 Meter tiefe Bohrungen in den Muschelkalk niedergebracht und ein moderner Brunnenkomplex in Betrieb gesetzt. Heute verkauft der zur Haller Löwenbrauerei gehörende Brunnen das Wasser im Umkreis von etwa 120 km um Schwäbisch Hall.

Natrium 118
Kalium 2
Calcium 257
Magnesium 54
Chlorid 291
Sulfat 354
Hydrogencarbonat 403

Geschmack:
Leicht mineralisch

Sorten:
Mit voller und mit reduzierter Kohlensäure

Anwendung:
Allroundwasser; zum Kochen, Mixen, zur Mineralergänzung

Mineralien:
Mittlere, bis auf Kalium ausgewogene Mineralisation

Bayern
Göttingen
Halle
Erfurt
Chemnitz
Zwickau
Bad Brückenau
Bad Kissingen
Pechbrunn
Waldsassen
Würzburg
Wiesau/Opf.
Neustadt/Aisch
Nürnberg
Regensburg
Treuchtlingen
Schierling
Gundelfingen
Augsburg
München
Siegsdorf

Adelholzener
Adelholzener Primus Heilquelle

Adelholzener Alpenquellen GmbH
Adelholzener Straße 67
83313 Siegsdorf

Auch hier waren schon die Römer zuhause, die sich an den örtlichen Quellen labten. Der einsiedlerische Legionär St. Primus soll das Wasser im Jahre 280 »im Holze des Andlo« entdeckt haben. Viel später wurde ein kleiner Kurort aus Adelholzen. Beide Wässer – gewonnen aus den Tiefen der bayerischen Alpen – kommen aus benachbarten Quellen und haben eine ganz ähnliche Analyse.

Geschmack:
Neutral

Sorten:
Mit voller und mit reduzierter Kohlensäure; »Primus« mit 2 g/l

Anwendung:
Allroundwasser; zum Kochen, Mixen, für natrium- und kochsalzarme Ernährung, für Säuglingsnahrung

Mineralien:
Sehr gering mineralisierte Wässer (Primus-Heilquelle)

Natrium 10 (3)
Kalium 1 (1)
Calcium 70 (88)
Magnesium 31(30)
Chlorid 23 (3)
Sulfat 23 (11)
Hydrogencarbonat 330 (470)

Aloisius Quelle

Bucher Mineralbrunnen GmbH
Untere Vorstadt 15–19
89423 Gundelfingen

Aus den Tiefen der Schwäbischen Alb kommt dieses Wasser und wird von den Menschen der näheren Umgebung als heimatlicher Quell überaus geschätzt. Das Mineralwasser steht, geschützt von mächtigen, undurchlässigen Tonschichten, unter derartigem Druck, daß es von der Erschließung an von allein bis an die Erdoberfläche sprudelt: »Ein sogenanntes Arteservorkommen« steht im Hausprospekt.

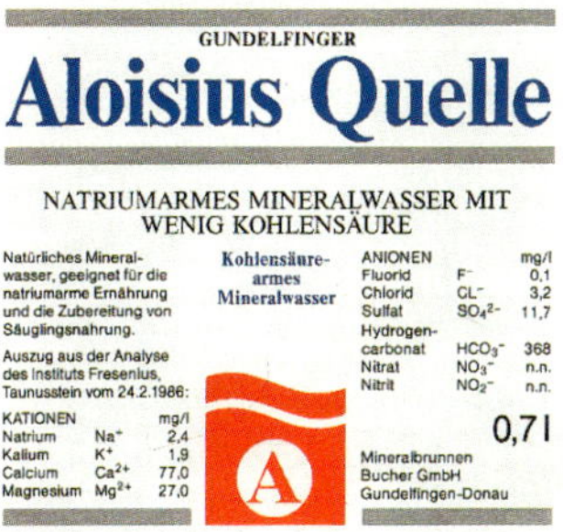

Natrium 4
Kalium 2
Calcium 82
Magnesium 28
Chlorid 1
Sulfat 12
Hydrogencarbonat 371

Geschmack:
Neutral, kaum mineralisch, weich

Sorten:
Mit voller, halbierter und schwacher Kohlensäure

Anwendung:
Allroundwasser; zum Kochen, Mixen, für Babynahrung, salzfreie Diät; nicht zur Mineralergänzung

Mineralien:
Sehr niedrige Mineralisation ohne dominantes Mineral

Altmühltaler

Altmühltaler Heilquellen GmbH
Bahnhofstraße 48
91757 Treuchtlingen

Aus einem der schönsten Teile des Naturparks Altmühltal, aus dem Ort Treuchtlingen, kommt dieses im weiten Umkreis geschätzte Mineralwasser. Man mußte immerhin 240 Meter tief bohren, um unter den verschiedensten Gesteinsschichten und einer mächtigen, wasserabweisenden Tonschicht an dieses 10000 Jahre alte Reservoir feinsten Gletscherwassers aus der letzten Eiszeit zu kommen.

Geschmack:
Neutral

Sorten:
Mit voller und mit reduzierter Kohlensäure

Anwendung:
Allroundwasser, zum Kochen, Mixen, für salzfreie Kost

Mineralien:
Sehr geringe, ausgewogene Mineralisation, praktisch kochsalzfrei

Natrium 47
Kalium 29
Calcium 48
Magnesium 11
Chlorid 1
Sulfat 64
Hydrogencarbonat 292

Staatl. Bad Brückenauer Ludwig I Quelle

Staatl. Mineralbrunnen AG
Amand-von-Buseck-Straße 2
97763 Bad Brückenau

Das Bayerische Staatsbad 35 km südlich vom hessischen Fulda hat in Sachen Wasser einen guten Namen. Mehrere Quellen sprudeln hier im großen, seit Anfang dieses Jahrhunderts naturgeschützten Heilquellengebiet ohne Landwirtschaft und Industrie und werden eifrig für äußere und innere Anwendungen genutzt. Die Ludwig I Quelle, der auch das »Bad Brückenauer« entstammt, wurde im 18. Jahrhundert eingerichtet. Die Mineralbrunnen AG gilt als der erste ökologische Brunnenbetrieb der Welt.

Natrium 4
Kalium 13
Calcium 66
Magnesium 21
Chlorid 2
Sulfat 146
Hydrogencarbonat 168

Geschmack:
Neutral

Sorten:
Mit reduzierter und voller, Ludwig I mit 1 g/l Quellenkohlensäure

Anwendung:
Gutes Tageswasser für viele Zwecke; zum Kochen, Mixen; für natriumarme Diät und Babynahrung

Mineralien:
Sehr gering mineralisiert; praktisch ohne Kochsalz

Natrium 64
Kalium 5
Calcium 243
Magnesium 48
Chlorid 114
Sulfat 470
Hydrogencarbonat 365

Franken Brunnen Hochstein-Quelle

Franken Brunnen
Bamberger Straße 90
91413 Neustadt/Aisch

Die Hochstein-Quelle ist die Stammquelle des mittlerweile stark gewachsenen Unternehmens Franken Brunnen, das zu den größten Deutschlands gehört. Wie man alten Chroniken entnehmen kann, ist die Quelle schon seit dem Mittelalter in Betrieb. 1924 wurden verschiedene neue Bohrungen vorgenommen und die Quelle damit wiederbelebt. Das heutige Mineralwasser wird aus vier 70 Meter tiefen Brunnen entnommen, die durch die Kalksteinschichten in und um das Städtchen Neustadt/Aisch gebohrt wurden. Die Abfüllanlage liegt allerdings am Ortsrand, wohin das Wasser durch Edelstahlrohre geführt wird.

Geschmack:
Neutral

Sorten:
Mit voller und mit reduzierter Kohlensäure

Anwendung:
Allroundwasser; zum Kochen und Mixen; in der eleganten »Exquisitflasche« Essensbegleiter

Mineralien:
Gering mineralisiert, ohne Schwerpunkte

Franken Brunnen Silvana-Quelle

Franken Brunnen
Niederlassung Pechbrunn
Bahnhofstraße 11
95701 Pechbrunn

Zwar gab es in Pechbrunn schon lange eine Quelle, doch 1989 wurde in der Fichtelgebirgszone in einer Tiefe von 125 Metern eine neue, tiefere Quelle erbohrt, die besser den modernen Anforderungen entspricht. Sie bezieht ihr Wasser aus dem Fichtelgebirge und dem unmittelbar angrenzenden Naturpark Steinwald und ist durch mächtige Tonschichten vor schädlichen Umwelteinflüssen geschützt.

Geschmack:
Neutral

Sorten:
Mit voller und mit reduzierter Kohlensäure

Anwendung:
Allroundwasser; zum Kochen, Mixen, für kochsalz- und natriumarme Ernährung und für Säuglingsnahrung

Mineralien:
Sehr geringer Mineralanteil; praktisch kochsalzfrei

Natrium 15
Calcium 14
Magnesium 11
Chlorid 2
Sulfat 10
Hydrogencarbonat 106

Franken Brunnen Theresien-Quelle

Franken Brunnen
Niederlassung Bad Kissingen
Am Theresienbrunnen 10
97688 Bad Kissingen

Die Quelle liegt im südöstlichen Rhönvorland, genauer gesagt im Tal der Fränkischen Saale. Dieses große Heilquellengebiet ist besonders bekannt durch die kohlensäure- und eisenhaltigen Quellen in und um Bad Kissingen. Der Kurort besteht schon seit 1520. Die Theresien Quelle wurde 1786 erschlossen; seit 1951 wird das Mineralwasser abgefüllt und im größeren Umkreis verkauft. 1986 erfolgte eine gründliche Sanierung der 50 Meter tiefliegenden Quelle.

Geschmack:
Leicht mineralisch

Sorten:
mit voller Kohlensäure

Anwendung:
Allroundwasser; zum Kochen, nach Sport, Spiel und Sauna

Mineralien:
Mittlere Mineralisation mit leichter Kochsalzbevorzugung

Natrium 480
Kalium 20
Calcium 100
Magnesium 30
Chlorid 610
Sulfat 180
Hydrogencarbonat 560

Heerbach

Bernhard Büttner GmbH
Aschaffenburger Straße 199
63857 Waldaschaff

Im kristallinen Sockel des Naturparks Spessart unter einem eigenen 100 000 m² großen Wasserschutzgebiet liegt diese Quelle. Die 1935 gegründete Firma Büttner hat nach geologischen Gutachten das jahrtausende alte Grundwasser in 170 m Tiefe entdeckt. Seit 1986 wird das Wasser aus mehreren Bohrungen hochgepumpt und in dem vorbildlichen Betrieb abgefüllt. Seine Quelle nennt Albin Büttner »Heerbach«, weil dort einst Heerscharen Napoleons lagerten.

Natrium 8
Kalium 2
Calcium 36
Magnesium 7
Chlorid 7
Sulfat 9
Hydrogencarbonat 142

Geschmack:
Neutral

Sorten:
Mit voller und geringer Kohlensäure (»still«)

Anwendung:
Allroundwasser; gut zum Kochen, Mixen, als Schlankheits- und Fitnessgetränk; für Babynahrung

Mineralien:
Sehr gering mineralisiertes, praktisch kochsalzfreies Wasser

Kondrauer
Kondrauer Heilwasser

Kondrauer Mineral- und
Heilbrunnen
Gertraud Seidl GmbH & Co. KG
Am Sauerbrunn 2
95652 Waldsassen

Natrium 96 (77)
Kalium 12 (11)
Calcium 103 (51)
Magnesium 26 (19)
Chlorid 39 (41)
Sulfat 45 (54)
Hydrogencarbonat 595 (324)

1133, beim Roden der Wälder für das Kloster Waldsassen, entdeckten Zisterziensermönche die Kondrauer Quellen. Aus späterem staatlichen Besitz wurde privater mit Hoflieferantenstatus. Der topmoderne Betrieb, bedient sich aus bis zu 300 m tiefen Brunnen. Die Quellen unterscheiden sich im Inhalt, bei gleichem Etikett: Bayernquelle, Antonien-Quelle, Gerwig-Quelle. Man muß den winzigen Namen suchen und die Analyse studieren. Das Heilwasser kommt aus der Prinz Ludwig-Quelle.

Geschmack:
Neutral

Sorten:
Mit voller und mit geringer Kohlensäure

Anwendung:
Allroundwasser; zum Kochen, Mixen; Heilwasser: Magen-, Darm-, Leber-, Gallenleiden

Mineralien:
Gering mineralisiert die Gerwig-Quelle; ähnlich die Antonien-Quelle (Heilwasser »Prinz Ludwig-Quelle«)

König Otto-Sprudel

Mineral- und Heilbrunnen
König Otto-Bad
Postfach 1160
95672 Wiesau/Oberpfalz

Natrium 15
Kalium 5
Calcium 7
Magnesium 11
Chlorid 7
Sulfat 15
Hydrogencarbonat 80

Im Oberpfälzer Wald liegt der schöne Naturpark Steinwald mit dem kleinen Marktflecken Wiesau und dem Stahl- und Moorbad König Otto-Bad. Den Namen verdankt es dem bayerischen König Otto von Griechenland, der hier 1836 kurte. Alle Quellen dieses bayrisch-böhmischen Bäderdreiecks haben einen ungewöhnlich hohen Eisengehalt. Während man sich beim Quellaustritt daran nicht stört, wird das Eisen bei den Versandwässern entfernt, da es ausflocken würde und damit wertlos wäre. Seit 1936 wird das Mineralwasser im Umkreis von 200 Kilometern vertrieben.

Geschmack:
Neutral

Sorten:
Mit voller und mit reduzierter Kohlensäure

Anwendung:
Allroundwasser; zum Kochen, Mixen, für natrium- und kochsalzarme Ernährung, für Babynahrung

Mineralien:
Sehr gering mineralisiert

Labertaler Stephanie Brunnen Sebastiani Brunnen

Labertaler Mineralquellen
Getränke Hausler GmbH
Fruehaufstraße 11
84069 Schierling

1986 begann die Getränkefirma, im Tal der Großen Laber nach Mineralwasservorkommen zu suchen, und sie wurde fündig. Über 5000 Jahre ist das aus dem 147 m tiefen Stephanie Brunnen geförderte Wasser nach Isotopenbestimmungen alt. Im Mineralgehalt ziemlich abweichend (wesentlich mehr Natrium und Chlorid) gibt es daneben noch den fluoridhaltigen »Labertaler Sebastiani Brunnen« in 503 m Tiefe. Für das »Sebastiani-Heilwasser« – das bei 405 m entnommen wird, liegt ebenfalls eine Genehmigung vor.

Natrium 6 (177)
Kalium 2 (13)
Calcium 67 (9)
Magnesium 32 (4)
Chlorid 1 (103)
Sulfat 6 (5)
Hydrogencarbonat 381 (345)

Geschmack:
Neutral

Sorten:
Mit voller und mit wenig Kohlensäure

Anwendung:
Allroundwasser; zum Kochen, Mixen, für natriumarme Ernährung und Babynahrung

Mineralien:
Sehr gering mineralisiertes Wasser ohne hervorstechende Merkmale; praktisch kochsalzfrei (Sebastiani-Brunnen, in Klammern; 172 mg/l Kochsalz)

Mozart Quelle

Brauerei S. Riegele
Frölichstraße 26
86150 Augsburg

Die erste Quelle entdeckte die mittelständische Brauerei 1911 auf der Suche nach Brauwasser. Spätere hydrogeologische und ernährungsphysiologische Untersuchungen verliefen so aussichtsreich, daß man 1988 die amtliche Anerkennung als natürliches Mineralwasser beantragte und auch bekam. 217 Meter tief geht die Bohrung auf der »Augsburger Hochterrasse« durch zwei wasserundurchlässige Sperrschichten. Das darunter angesammelte tertiäre Tiefengrundwasser steigt durch Eigendruck von alleine auf.

Natrium 27
Kalium 1
Calcium 25
Magnesium 17
Chlorid 1
Sulfat 11
Hydrogencarbonat 222

Geschmack:
Neutral

Sorten:
Mit leicht reduzierter Kohlensäure (6 g/l)

Anwendung:
Allroundwasser, zum Kochen, Mixen; für salzfreie Diäten

Mineralien:
Ungewöhnlich niedrige Mineralisation; praktisch kochsalzfrei

Siegsdorfer Petrusquelle

Siegsdorfer Petrusquelle GmbH
Höpflinger Weg 8
83313 Siegsdorf

Am Fuße des 1671 m hohen Voralpenberges Hochfelln – wenige Kilometer vom Chiemsee entfernt – tritt das Wasser aus eigener Kraft zutage und wird unmittelbar neben der Quelle abgefüllt. 1864 wurde es entdeckt und ist seitdem bei vielen Menschen der Umgebung und darüber hinaus beliebt. Früher wurde es auch für Bade- und Trinkkuren verwendet, heute dient es allein dem Trinkgenuß. Einen Namen hat sich der Brunnen durch konsequenten und intensiven Umweltschutz gemacht, was man der jährlichen Öko-Bilanz entnehmen kann.

Geschmack:
Neutral

Sorten:
Mit sehr wenig Kohlensäure (1,5 g/l)

Anwendung:
Allroundwasser, zum Kochen, Mixen, für Diäten, zur Babynahrung

Mineralien:
Gering mineralisiert, natrium- und kochsalzarm

Natrium 9
Kalium 1
Calcium 108
Magnesium 16
Chlorid 6
Sulfat 7
Hydrogencarbonat 398

MINERALWÄSSER AUS NAH UND FERN

In Europa schauen wir eher nach Süden und Westen als nach Norden und Osten. Reiche Vorkommen findet man in Belgien, und einige traditionsreiche Mineralwässer werden auch in Deutschland verkauft. Den Löwenanteil bestreitet jedoch Frankreich. Und wenn im Amtsblatt auch nur 60 Quellen verzeichnet sind, so sind einige von ihnen so ergiebig, daß sie den Durst ganzer Völkerscharen löschen könnten. Sehr gute Quellen fließen in den Alpenländern Schweiz, Österreich und Italien. Ein paar Musterbeispiele davon werden vorgestellt. Das italienische Wasser San Pellegrino hat bei uns ganz groß Fuß gefaßt, und speziell in der Gastronomie wurde es das Lieblingswasser vieler Gourmets.

Aus Schweden bieten sich zwei interessante Wässer an, aus Großbritannien einige, weitere aus der Türkei und Griechenland. Sie werden von den Arbeitnehmern geschätzt, die auf ihr heimatliches Wasser nicht verzichten wollen. Auch Portugal und Spanien reihen sich mit guten Wässern ein. Natürlich gibt es Wässer in den östlichen Nachbarländern, doch sie haben für uns keine große Bedeutung. Sicher wird sich das in einem »Gesamteuropa« ändern, denn gerade in der Tschechischen Republik gibt es gute Quellen.

Doch was wäre ein Wasserbuch ohne ein paar Wässer, die von weit her per Schiff zu uns kommen – zum Beispiel aus Neuseeland. Daß ein Land wie die USA in Sachen Wasser völlig autark ist, liegt auf der Hand. Es gibt dort ein vielseitiges regionales Angebot. Ein Wasser aus Japan sollte ebenfalls nicht fehlen, auch wenn es bei uns normalerweise nicht erhältlich ist.

Auch einige seltene »Paradiesvögel« sind verzeichnet: Gletscherwasser aus Kanada, Regenwasser aus Tasmanien, Vulkanwasser aus Hawaii und andere Spezialitäten.

Original Grand Cru

Original Spring Water S.A.
Luxemburg-9991
Weiswampach, 117,
Route de Stavelot

Ein Wasser aus Belgien, das mit seiner königsblauen Flasche ziemlich einem anderen aus Wales ähnelt und mit »Grand Cru« die stimmungsvolle Weinsprache nutzt. Die artesische Quelle wurde vor 150 Jahren entdeckt und seitdem immer mehr genutzt. Seit 1936 exportiert man das Wasser hauptsächlich in das benachbarte Frankreich.

Geschmack:
Mild und weich, neutral

Sorten:
Still und mit mittlerer Kohlensäure

Anwendung:
Allroundwasser; gedacht als Essenbegleiter (Luxusflasche)

Mineralien:
Für Ardennenwässer typische minimale Mineralausstattung

Natrium 7
Kalium 3
Calcium 101
Magnesium 8
Chlorid 18
Sulfat 31
Hydrogencarbonat 306

Spa Reine
Spa Barisart

S.A. Spadel N.V.
Kolonel Bourgstraat 103
1040 Brüssel

Spa stammt aus dem gleichnamigen Ardennenort. Schon vor 400 Jahren hat man das Wasser exportiert, und Kurgäste aus ganz Europa kamen, um ihre Gebresten zu heilen. Spa ist aber seit langem auch Begriff für ein Heilbad. In der ganzen Gegend gibt es ein komplexes Quellensystem mit vielen oberirdischen Brunnen, die jedem zur Nutzung freistehen. Spa Reine und Spa Barisart werden in etwa 400 Höhe an Bergrücken aufgefangen. Wie ein weiteres Wasser »Spa Marie-Henriette« enthält Barisart natürliche Quellenkohlensäure.

Natrium 3 (5)
Kalium 1 (1)
Calcium 4 (6)
Magnesium 1 (2)
Chlorid 5 (8)
Sulfat 7 (10)
Hydrogencarbonat 11 (18)

Geschmack:
Neutral

Sorten:
Spa Reine ohne, Spa Barisart mit mäßig eigener Kohlensäure

Anwendung:
Tageswasser; zum Kochen, Mixen, für Babynahrung sowie natrium- und kochsalzfreie Ernährung

Mineralien:
Extrem niedrige Mineralisation; (Barisart)

Source Valvert

Vittel Mineralwasser GmbH
Postfach 710819
60498 Frankfurt

Das kleine Belgien hat einige bemerkenswerte Wässer aufzuweisen. In den Ardennen zum Beispiel gibt es seit Zeiten der Römer manche ergiebige Quelle. So entspringt in einem 3000 ha großen naturgeschützten Waldmassiv der südlichen Ardennen aus großen Tiefen auch Valvert. Nachdem es kontinuierlich 20 Jahre lang durch unterschiedlichste Erdschichten wie Mergel, Sandstein, Jura und Devon geflossen ist, kommt es in einer Talsohle durch artesischen Druck nach oben.

Natrium 2
Kalium 0,3
Calcium 70
Magnesium 1
Chlorid 4
Sulfat 13
Hydrogencarbonat 196

Geschmack:
Neutral, weich

Sorten:
Still – ohne jegliche Kohlensäure

Anwendung:
Allroundwasser; zum Kochen, für natriumarme Ernährung, Diäten aller Art, für Säuglingsnahrung

Mineralien:
Sehr niedrige, ausgewogene Mineralisation; praktisch kochsalzfrei

Badoit

S.A. Eaux Minérales d'Evian
42330 Saint-Galmier

Das berühmte Wasser der Feinschmecker, das auf den Tafeln vieler französischer Restaurants steht. Artesisch kommt es aus 500 Meter tiefen Granitschichten mit 16° C nach oben, und das schon seit Zeiten der Römer. Die Quelle liegt im Hügelland bei Lyon, wurde bereits im 17. Jahrhundert von Landärzten empfohlen und 1837 an Auguste Badoit verkauft. Aus geologischen und technischen Gründen ist die Menge begrenzt, so daß dieses Wasser vorwiegend in seiner Heimat getrunken wird.

Natrium 160
Kalium 10
Calcium 200
Magnesium 100
Chlorid 39
Sulfat 33
Hydrogencarbonat 1410

Geschmack:
Neutral

Sorten:
Mit 2,5 g/l geringe Kohlensäure

Anwendung:
Allroundwasser; Essensbegleiter, zum Kochen, Mixen, zur Kariesvorbeugung, Magnesiumergänzung

Mineralien:
Stark mineralisiertes Wasser mit ausgeprägtem Magnesiumanteil

Celtic

Celtic S.E.A.N.
2, Place des Thermes
67110 Niederbronn-les-Bains

Im Naturpark der Nordvogesen liegt diese Quelle in einer waldreichen Naturlandschaft. Das Wasser wird bei dem kleinen Kurbad Niederbronn-les-Bains am Fuße eines 591 m hohen Berges abgefüllt, nachdem es durch die drei Sandsteinschichten des Berges geflossen ist. Die kohlensäurefreie Sorte wird im »Brik« (Pappkarton) verkauft.

Geschmack:
Nach »nichts«

Sorten:
»plate« ohne, »legère« mit 3 g/l, »forte« mit 7 g/l Kohlensäure

Anwendung:
Durstlöscher; paßt zum Essen, zur Weinprobe; zum Kochen, Mixen und für Babynahrung

Mineralien:
Extrem niedriger Mineralgehalt, fast ein »Null-Wasser« und Rekord an Mineralarmut

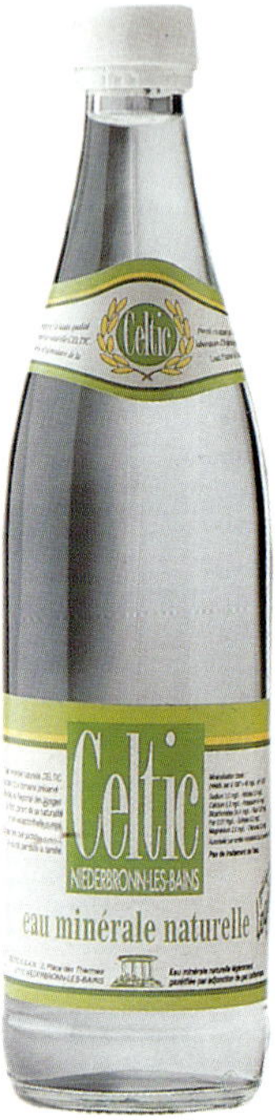

Natrium 2
Kalium 2
Calcium 8
Magnesium 2
Chlorid 5
Sulfat 8
Hydrogencarbonat 24

Contell Tafelwasser

Contell S.A.R.L. Cambal France
Import und Vertrieb: Sportfit
47476 Rheinberg

Contell ist ein Quellwasser, das aus einem Wasservorkommen unter einem der größten zusammenhängenden Waldgebiete Nordfrankreichs, dem Forêt de Mormal bei Valenciennes an der Grenze zu Belgien, stammt. Da man zur Geschmacksverbesserung eine Spur Natursole hinzufügt, muß es als Tafelwasser deklariert werden. Nur 20 000 Liter des über 50 Jahre alten Wassers darf man stündlich fördern, um die Geologie des Standortes nicht zu stören.

Natrium 9
Kalium 2
Calcium 110
Magnesium 11
Chlorid 20
Sulfat 15
Hydrogencarbonat 356

Geschmack:
Neutral, weich, nur »still« (im Karton)

Anwendung:
Gutes, sehr vielseitig anzuwendendes Haushaltswasser; zum Kochen, Mixen, für Babynahrung

Mineralien:
Sehr niedrig mineralisiertes Wasser. Nach den Bestimmungen darf ein Tafelwasser auf dem Etikett keine Analyse angeben

Contrex

Vittel Mineralwasser GmbH
Eysseneckstraße 25
60528 Frankfurt

Natrium 10
Kalium 3
Calcium 466
Magnesium 83
Chlorid 8
Sulfat 1160
Hydrogencarbonat 403

Seit 1760 ist das stille Mineralwasser aus dem Vogesenort Contrexéville bekannt. Hier ist eine von der Natur besonders begünstigte Region, in der sich vor mehreren zehntausend Jahren die Eiszeitgletscher zurückbildeten. Die Schmelzwasser wurden durch »frisches«, jahrelang durch Gesteinsschichten, wie Trias und Muschelkalk, durchsickerndes Regenwasser ergänzt. Dabei ergab sich eine typische und einmalige Mineralisation. Contrex gilt in Frankreich auch als »Wasser zum Abnehmen« und wird in -zig Millionen Flaschen in viele Länder verschickt.

Geschmack:
Mineralisch, leicht bitter

Sorten:
Still, mit sehr wenig Kohlensäure

Anwendung:
Zum Entschlacken, Abnehmen, Abführen, für Nierenspülungen, kochsalz- und natriumarme Diäten

Mineralien:
Stark mineralisiert mit sehr hohem Sulfat-, Calcium- und sehr niedrigem Kochsalzanteil

Evian

Evian S.A. des Eaux Minérales
d'Evian
Place de la Gare
74503 Evian

Die Geschichte dieser Quelle oberhalb von Evian-les-Bains am Genfer See begann 1789, als ein Marquis de Lessert entdeckte, daß das Wasser seine Nierensteine geradezu wegspülte. 1830 wurden die ersten Steinkrüge abgefüllt, und von da an ging es stetig bergauf zur Weltberühmtheit. Das Wasser freilich fließt bergab; vom Vinzier-Plateau läuft es 15 Jahre lang schräg durch filternde Sandschichten und wird unten aus einem in Lehm liegenden Reservoir gezapft. Frankreich trinkt jährlich 800 Millionen Liter, 500 Millionen gehen in mehr als 100 Länder.

Natrium 5
Kalium 1
Calcium 78
Magnesium 24
Chlorid 5
Sulfat 10
Hydrogencarbonat 357

Sorten:
Ohne Kohlensäure
(in 12 verschiedenen Flaschen)

Geschmack:
Neutral, weich

Anwendung:
Der große internationale Klassiker steht auf unzähligen Tischen zum Essen; zum Kochen, für Babynahrung und natriumarme Ernährung

Mineralien:
Sehr gering mineralisiert; praktisch kochsalzfrei

Natrium 14
Kalium 1
Calcium 140
Magnesium 4
Chlorid 31
Sulfat 51
Hydrogencarbonat 348

Perrier

Peter Eckes AG
Ludwig-Eckes-Allee 6
55268 Nieder-Olm

Schon 218 v. Chr. haben sich die Truppen Hannibals an der Perrier-Quelle gelabt. Zwischen damals und heute liegen 85 Generationen. Das Wasser ist mit Hunderten von Millionen »Keulenflaschen«, die jährlich in über 100 Länder verkauft werden, eine echte Weltmarke. Bei Vergèze, 17 km von Nîmes entfernt, entspringt Perrier inmitten der großen Weinlandschaft. Es ist eines der kohlensäurehaltigsten Wässer, das – durch ein »Loch« in einer sonst undurchlässigen Tonschicht – artesisch aus dem tiefen Kalkgestein und den Sandschichten kraftvoll nach oben kommt.

Geschmack:
Neutral

Sorten:
Mit über 6 g/l quelleneigener Kohlensäure

Anwendung:
Allroundwasser; für die Tafel, zum Kochen, Mixen, für natriumarme Ernährung

Mineralien:
Geringe Mineralisation mit relativ hohem Calciumwert

Vichy Célestines

Compagnie Fermière de Vichy
1 et 3 Avenue Eisenhower
03200 Vichy

Natrium 1200
Kalium 60
Calcium 100
Magnesium 9
Chlorid 220
Sulfat 130
Hydrogencarbonat 3000

Vichy ist der Inbegriff eines mineralstarken Wassers und kann mit den wenigen Klassikern dieser besonderen Art, z.B. Vichy Catalan und Kaiser Friedrich Quelle in einem Atemzug genannt werden. Vichy hat etwas von der Trinkkultur früherer Zeiten, wie auch der Ort mit seinen fünf Quellen selbst noch diese große Ausstrahlung hat. Die Quelle gab es schon in Urzeiten, und sie soll einst als Geysir nach oben geschossen sein. Heute holt man das Wasser mit neuen Bohrungen aus großer Tiefe, doch unbegrenzt sind die Mengen nicht, die sich da unten versammelt haben.

Geschmack:
Zart salzig, mineralisch und hart

Sorten:
Mittlere Kohlensäure

Anwendung:
Mineralergänzung generell und nach Sport, Spiel, Sauna usw.

Mineralien:
Extrem stark mineralisertes Wasser; 362 mg/l Kochsalz

Vittel

Vittel Mineralwasser GmbH
Eysseneckstraße 25
60528 Frankfurt

»Vittel Bonne Source« wurde 1854 von einem Rechtsanwalt in den für ihren Wasserreichtum bekannten Vogesen zwischen Epinal und Neufchâteau entdeckt. 30 Jahre später begann man das Wasser in Tonkrüge mit Bügelverschluß abzufüllen und zu versenden. Die Qualität des Wassers – »uraltes« Gletscherschmelzwasser mit Nachschub aus 15 Jahre lang durchsikkerndem Regenwasser der Neuzeit – hatte sich inzwischen in Frankreich und später auch in anderen Ländern herumgesprochen. Bis 130 000 m^3 Mineralwasser könnten Nestlé Sources International S.A. pro Tag in die bekannten PET-Flaschen füllen, eine Menge, die auch bei größter Nachfrage nicht erschöpft wird.

Natrium 8
Kalium 5
Calcium 96
Magnesium 21
Chlorid 4
Sulfat 123
Hydrogencarbonat 262

Geschmack:
Neutral

Sorten:
Still, praktisch ohne Kohlensäure

Anwendung:
Allroundwasser; zum Kochen, für Diäten, zum Entschlacken; geeignet für natriumarme Ernährung und Säuglingsnahrung

Mineralien:
Gering mineralisiert; fast natrium- und kochsalzfrei

Volvic

FM Französische
Mineralquellen GmbH
Dotzheimer Straße 168
65197 Wiesbaden

Das nicht nur in Frankreich beliebte »Stille« hat seinen Ursprung in der Auvergne, dem Herzen des französischen Vulkangebirges. Die ergiebige Quelle wurde 1927 entdeckt. Fast kann man von einem Fluß sprechen, der stündlich 150000 Liter anbietet. Die vulkanischen Schichten sind die besten Filter während des viele Jahre dauernden Durchlaufs des Regenwassers. Zu Danone gehörend; größtes Importwasser Deutschlands.

Geschmack:
Neutral

Sorten:
Still und »volvillante« mit reduzierter Kohlensäure

Anwendung:
Das Wasser zum Essen und Wein; zum Kochen, Mixen, für Babynahrung sowie für kochsalz- und natriumarme Kost

Mineralien:
Typische niedrige Mineralisation der stillen (»platten«) französischen Wässer; hoher Gehalt an Sizilium und Vanadium

Natrium 8
Kalium 5
Calcium 10
Magnesium 6
Chlorid 8
Sulfat 7
Hydrogencarbonat 64

Ioli

Epco S.A.
102 Kifissou Ave.
12241 Egaleo Athens

Auf dem griechischen Festland nahe dem Städtchen Lamia, 150 km nordöstlich von Athen, liegt diese Quelle. Das Mineralwasser entspringt artesisch einer Quelle am Fuße des Berges Iti, nachdem es zehn Jahre durch filternde Gesteinsschichten verschiedener Art gesickert ist. Besitzer ist die holländische Brauereigruppe Heineken.

Geschmack:
Neutral

Sorten:
Still und mit mittlerer Kohlensäure

Anwendung:
Allroundwasser; zum Kochen, Mixen, für natrium- und kochsalzarme Ernährung und Säuglingsnahrung

Mineralisation:
Sehr gering mineralisiert

Natrium 7
Kalium 1
Calcium 55
Magnesium 25
Chlorid 11
Sulfat 10
Hydrogencarbonat 284

Loutraki

Franken Brunnen GmbH
Bamberger Straße 90
91413 Neustadt/Aisch

Seit der Antike sprudeln die Quellen in der berühmten Wasserstadt Loutraki – früher »Thermes« genannt – an der Nordseite des Golfs von Korinth. Es ist der erste bekannte Badeort der Geschichte überhaupt. Schon Artemis gab den Quellen als Schutzherrin ihren Beistand. 1995 hat Franken Brunnen die Quelle übernommen und gewinnt das Wasser nach neuesten Produktionsgesichtspunkten.

Geschmack:
Neutral

Sorten:
Still

Anwendung:
Allroundwasser; zum Kochen, Mixen, für natrium- und kochsalzarme Ernährung

Mineralisation:
Gering mineralisiert, relativ hoher Magnesiumanteil

Natrium 17
Kalium 1
Calcium 8
Magnesium 78
Chlorid 32
Sulfat 6
Hydrogencarbonat 392

Highland Spring

Highland Spring Limited
Stirling Street
Blackford, Perthshire
PH4 1QA
Deutschland-Vertrieb: Bacardi

Von den Ochill Hills im Tayside-Gebiet, stammt dieses Mineralwasser, das King James IV. of Scotland ab 1488 zum Bierbrauen verwenden ließ. Highland Spring etablierte sich 1979 mit einer neuen Bohrung neben der verlassenen Quelle und ist seit 1993 Mineralwasser Nr. 1. im U.K. Für die Reinheit und Mini-Mineralisation sind Basaltlava und Sandstein verantwortlich, durch deren feinste Risse der sanfte schottische Regen jahrzehntelang fließt.

Geschmack:
Neutral, weich, etwas säuerlich

Sorten:
Still, leicht perlend und »sparkling«

Anwendung:
Allroundwasser; zum Kochen, Mixen, für Babynahrung; die stille (in Deutschland nicht erhältliche Version) ist ideal zum Verdünnen von Malt-Whisky

Mineralien:
Ungewöhnlich geringe Mineralisation

Natrium 9
Kalium 1
Calcium 39
Magnesium 15
Chlorid 15
Sulfat 9
Hydrogencarbonat 190

Hildon

Hildon Ltd.
Broughton, Hampshire
SO20 8DQ, U.K.
Deutschland-Vertrieb:
Epikur GmbH. Deinhard-Gruppe

Natrium 8
Kalium 1
Calcium 97
Magnesium 2
Chlorid 16
Sulfat 4
Hydrogencarbonat 220

Die Mineralquelle wurde 1982 von einem Deutschen namens Heppe auf der Suche nach Gelände für eine Pferdezucht ganz im Süden Englands, Bezirk Hampshire, entdeckt. US-Soldaten hatten sie während des Zweiten Weltkrieges zur Versorgung eines Krankenhauses gebohrt. Später diente sie als Viehtränke. Die Analyse ergab tadelloses Mineralwasser. Die neugefaßte Quelle liegt 150 m tief unter einem 800 km² großen Kreidegebiet. Etwa 50 Jahre braucht das Wasser, um durch die Kreideschichten zu sickern.

Geschmack:
Absolut neutral, ziemlich weich

Sorten:
Ohne und mit wenig Kohlensäure

Anwendung:
Feiner Essensbegleiter, geschätzt von Luxusrestaurants (nicht nur wegen der tischfeinen Bordeauxflasche); zum Mixen (mit Malt Whisky)

Mineralien:
Sehr geringe Mineralisation ohne Schwerpunkt; praktisch kochsalzfrei

Ty Nant

Ty Nant Spring Water Limited
22 Lampeter Industrial Estate,
Lampeter, Dyfed SA48 8LT

Unter den Welsh Cambrian Mountains, die sich in Nord-Süd-Richtung durch Wales ziehen, fließen die Wässer, die in diese blauen Keulenflaschen abgefüllt, später auf den Tischen feiner Restaurants oder Privathaushalte stehen. Die erst 1989 erschlossene Quelle in dem Ort Lampeter liegt 20 Kilometer von der Irischen See entfernt. Mittlerweile wird Ty Nant in 25 Länder geliefert.

Geschmack:
Neutral, weich

Sorten:
»still« und »carbonated«
(leicht kohlensäurehaltig)

Anwendung:
Essensbegleiter; zum Kochen, Mixen und viele andere Zwecke

Mineralien:
Sehr geringe Mineralisation

Natrium 36
Kalium 1
Calcium 29
Magnesium 8
Chlorid 12
Sulfat 5
Hydrogencarbonat 120

Ballygowan

Ballygowan Spring Water Co., Ltd.
Newcastle West
Co. Limerick

Im Südwesten der grünen Insel, unterhalb der Hügel von Kerry, liegt diese schier unerschöpfliche Quelle. Aus ihr fließt nach jahrhundertelangem Durchlauf und völliger Klärung das Nationalwasser der Iren. Ballygowan fehlt in kaum einem irischen Haushalt, in keinem Restaurant, in keiner Bar.

Geschmack:
neutral, sehr weich

Sorten:
»Sparkling« leicht mit Kohlensäure versetzt

Anwendung:
Ideales Wasser für viele Gelegenheiten; gut zum Kochen und Mixen, »das« Wasser zum Irish Whiskey

Mineralien:
Sehr niedrig mineralisiertes Wasser, kochsalzarm

Natrium 17
Kalium 3
Calcium 130
Magnesium 8
Chlorid 30
Sulfat 15
Hydrogencarbonat 350

Cottorella

Antiche Fonti di Cottorella
Via Fonte Cottorella 19
02100 Riete

Dieses Wasser kommt aus Latium, etwa 80 km nördlich von Rom, genau aus der Mitte des »Stiefels«. Den Appenin im Hintergrund, liegt dort das zauberhafte historische Städtchen Rieti. Daß die findigen Römer die Quellen entdeckt und eifrig genutzt haben, liegt auf der Hand – deshalb auch der Untertitel »Antiche Fonti«. Heute geht man aber für reines Wasser sicherheitshalber etwas tiefer, obgleich die Bergquellen nur so sprießen; 400 m tief reicht das Bohrloch, aus dem Cottorella hochgeholt wird.

Geschmack:
Neutral

Sorten:
Still und mit mäßiger Kohlensäure

Anwendung:
Allroundwasser; für die Tafel, zum Kochen, Mixen, für Babynahrung und natrium-/kochsalzfreie Ernährung

Mineralien:
Sehr niedrig mineralisiertes, fast kochsalzfreies Wasser

Natrium 4
Kalium 0,4
Calcium 96
Magnesium 2
Chlorid 9
Sulfat 6
Hydrogencarbonat 305

Levissima

Fonti Levissima SpA
23020 Valdisotto, Cepina, Sondrio

Ein 1964 entdecktes Alpenwasser par excellence, das in 1800 m Höhe mit 8° C Temperatur ans Tageslicht tritt und zur Füllstation ins Tal hinunterläuft – selbstverständlich in vor der Umwelt sicher schützenden Rohren. Die Quelle liegt in den lombardischen Voralpen, den Valtellina-Bergen unweit des Wintersportortes Bormio, und ist nicht nur in Norditalien sehr beliebt. Es ist eine der größten Marken Italiens.

Natrium 2
Kalium 2
Calcium 19
Magnesium 2
Chlorid 0,3
Sulfat 14
Hydrogencarbonat 55

Geschmack:
Neutral

Sorten:
Mit viel, etwas reduzierter und ohne Kohlensäure

Anwendung:
Allroundwasser; Essensbegleiter, zum Kochen, Mixen, für Babynahrung

Mineralien:
Extrem niedrige Mineralisation; praktisch natrium- und kochsalzfrei

Lora di Recoaro

Terme di Recoaro SpA.
Via Fonti Centrale
3607 Recoaro Terme
36100 Vicenca

Östlich des Gardasees in dem Badeort Recoaro Terme entspringt diese Quelle. Es sind die kleinen Dolomiten, die als Wasserspender fungieren und das Regen- und Schneeschmelzwasser nach gebührender Reinigung durch tiefe Gesteinsschichten herausgeben. An das wertvolle Wasser kam man allerdings erst durch einen 100 m langen in den Fels geschlagenen Tunnel. Abfüllen kann man dort oben das Wasser allerdings nicht, es fließt durch ein mehrere Kilometer langes Edelstahlrohr nach Recoaro.

Geschmack:
Neutral

Sorten:
Still und mit mäßiger Kohlensäure

Anwendung:
Allroundwasser; Essensbegleiter; zum Kochen, Mixen, für Diät und Babynahrung

Mineralien:
Extrem niedrig mineralisiert; praktisch natrium- und kochsalzfrei

Natrium 1
Kalium 0,3
Calcium 35
Magnesium 14
Chlorid 1
Sulfat 25
Hydrogencarbonat 149

Panna

Panna S.p.A
50038 Scarperia/Loc. Panna

Aus dem Hügelland südlich von Florenz kommt dieses in Italien sehr bekannte und weit verbreitete Wasser mit dem eigenwilligen, aber merkfähigen Namen (der auch Sahne bedeutet). Schon vor über 100 Jahren wurde es abgefüllt, zuerst in strohumwickelte Flaschen, dann in Kugelventilflaschen. Panna fließt mit 8° C aus einer Bergquelle des 1125 m hohen Monte Gazzaro abwärts durch Rohre zur Abfüllstation in Panna. 1970 wurde Panna von San Pellegrino übernommen und wird seitdem überwiegend als stilles Wasser abgefüllt.

Natrium 6
Kalium 1
Calcium 33
Magnesium 6
Chlorid 8
Sulfat 23
Hydrogencarbonat 107

Geschmack:
Neutral, weich

Sorten:
Still und mit leichter Kohlensäure

Anwendung:
Tageswasser; zum Kochen, Mixen, für Babynahrung, natrium- und kochsalzarme Ernährung

Mineralien:
Sehr gering mineralisiertes Wasser; fast natrium- und mit 13 mg/l nahezu kochsalzfrei

San Benedetto

Acqua Minerale
San Benedetto S.p.A.
Viale Kennedy 65
30037 Scorzè

Nur ein Viertelstündchen mit dem Auto von Venedig entfernt, bei dem Städtchen Scorzè, wird dieses in ganz Italien geschätzte, recht umsatzstarke Wasser gewonnen. Schon seit Jahrhunderten ist es bekannt, und man schrieb ihm früher eine verdauungsfördernde Wirkung zu. Es ist ein reines Dolomitenwasser, das 30 km unterirdisch bis zur 200 m tief liegenden Quelle fließt.

Geschmack:
Reintönig, weich

Sorten:
Mit viel (»frizzante«), wenig (»leggermente frizzante«) und ohne (»naturale«) Kohlensäure

Anwendung:
Allroundwasser; zum Kochen, Mixen, für Babynahrung

Mineralien:
Extrem geringe Mineralisation, praktisch ohne Kochsalz

Natrium 6
Kalium 1
Calcium 53
Magnesium 22
Chlorid 3
Sulfat 23
Hydrogencarbonat 255

San Pellegrino

Sanpellegrino S.p.A.
Via Castelvetro 17–23
20154 Milano

Schon im 13. Jahrhundert sprudelten nahe Bergamo die Quellen mit dem klaren Alpenwasser. Es wird mit 27° C aus 400 m Tiefe, abgedeckt durch viele Gesteinsschichten, in dem kleinen Badeort San Pellegrino emporgeholt. Das bekannteste italienische Mineralwasser geht in über 50 Länder und ist bei uns in der Gastronomie Importwasser Nr. 1. Ein Erfolg, der auch darauf beruht, daß San Pellegrino deutsche Sprudeltrinker von der überberstenden Kohlensäure auf ein mittleres Maß geführt hat. In vielen internationalen Geschmackstests ging die Marke als Sieger hervor.

Natrium 45
Kalium 3
Calcium 208
Magnesium 56
Chlorid 74
Sulfat 549
Hydrogencarbonat 220

Geschmack:
Harmonisch, weich

Sorten:
Mittlere Kohlensäure von 4 g/l

Anwendung:
Das Allroundwasser; sehr beliebter Essensbegleiter; zur Mineralergänzung, zum Mixen

Mineralien:
Mittlere, ausgewogene Mineralisation

Gasteiner kristallklar

Gasteiner Quellen
Pago Fruchtsäfte
Deutschland GmbH
Schönblick 28
76275 Ettlingen

Viele Geschichten ranken sich um dieses berühmte heilkräftige Wasser. Danach soll um 680 der hl. Rupert den Brunnen entdeckt haben; 1230 wird Gastein erstmals als Badeort erwähnt; seit 1929 wird das Wasser abgefüllt. Vorher ist es aber 3500 Jahre durch das gold-, silber- und uranhaltige Gestein des Graukogels gesickert und hat das Edelgas Radon aufgenommen, welches sich freilich beim Quellaustritt verflüchtigt. Fünf Millionen Liter verströmen täglich in 18 Querstollen. Das Wasser tritt mit 46° C zutage.

Geschmack:
Neutral, etwas metallisch

Sorten:
Mit mittlerer Kohlensäure
(in preisgekrönter Flasche)

Anwendung:
Gutes Allroundwasser, idealer Begleiter für feine Speisen und Getränke; gut zum Kochen und Mixen

Mineralien:
Sehr gering mineralisiertes Wasser mit relativ hohem Sulfatanteil

Natrium 74
Kalium 3
Calcium 12
Magnesium 1
Chlorid 25
Sulfat 112
Hydrogencarbonat 59

Montes

Montes Vertriebs Ges.m.b.H.
Matzen 3
6230 Reith im Alpbachtal

Auch hier waren schon die Römer zugange und erfrischten sich an der klaren sprudelnden Quelle in den Kalkalpen; später war dort ein Bauernbad und zeitweise eine Heilquelle. So richtig blühte sie aber erst in unseren Jahren wieder auf. Nachdem man 1983 die Silberquelle für den österreichischen Markt herausbrachte, folgte 1990 das Mineralwasser Montes aus einer neuen, 80 Meter tiefen Bohrung. Mit dem Wasser hat offenbar auch in Österreich die »blaue Periode« begonnen, wie die Flasche zeigt.

Natrium 7
Kalium 2
Calcium 78
Magnesium 30
Chlorid 7
Sulfat 92
Hydrogencarbonat 274

Geschmack:
Neutral

Sorten:
»Perlend« mit starker und »leicht« mit reduzierter Kohlensäure

Anwendung:
Allroundwasser; zum Kochen, Mixen, für natrium- und kochsalzarme Ernährung und Babynahrung

Mineralien:
Sehr geringe Mineralisation; fast natrium- und kochsalzfrei

Römerquelle

Römerquelle Gesellschaft m.b.H.
Holzmanngasse 3
1210 Wien

Die Römer wurden im Zusammenhang mit Mineralquellen schon oft erwähnt; daß sie hier besonders im Spiel waren, sagt schon der Name dieses großen Wassers. Zahlreiche Scherben und Fragmente zeugen von einem regen Badeleben zur Zeit Marc Aurels in dem jetzigen Edelstal am Südostabhang der Hundsheimer Berge. Die neue Ära begann 1925, und der Nachkriegserfolg kam ab 1960. Das Wasser ist – wie die ^{14}C-Methode erweist – über 5300 Jahre alt. Es tritt artesisch mit einer Temperatur von 17° C aus einer Tiefe von 400 Metern nach oben. Mit bald 200 Millionen Flaschen jährlich ist die Römerquelle die weitaus größte Marke in Österreich, und sie wird auch nach Deutschland rege exportiert.

Natrium 13
Kalium 2
Calcium 146
Magnesium 65
Chlorid 5
Sulfat 293
Hydrogencarbonat 424

Geschmack:
Angenehm mineralisch

Sorten:
Mit voller Kohlensäure

Anwendung:
Allroundwasser; zum Kochen, Mixen, für natrium- und kochsalzarme Ernährung; verdauungsfördernd

Mineralien:
Mittlere Mineralisation; sehr wenig Kochsalz

Vöslauer

Vöslauer Heilquellenverwertung AG
Paitzriegelgasse 2
2540 Bad Vöslau

Am Harzberg bei Bad Vöslau, dem sympathischen, bekannten Thermalbadeort 30 km südlich von Wien, sprudelt diese Quelle, die schon vor über tausend Jahren genutzt worden sein soll. Das Wasser ist den Forschungen nach rund 10 000 Jahre alt und wird in 600 m Tiefe 24° C warm in riesigen Mengen entnommen. Vöslauer ist besonders beliebt in Österreich, jeder kennt es. Es gehört zu den zwei wichtigsten Marken.

Geschmack:
Natürlich rein und neutral

Sorten:
»Prickelnd« mit 5 g/l und »mild« mit 3 g/l Kohlensäure

Anwendung:
Vielseitiges Mineralwasser; auch zum Kochen, Mixen (vor allem mit Wein und Fruchtsäften); für Babynahrung

Mineralien:
Ein gering mineralisiertes Wasser, fast kochsalzfrei

Natrium 10
Kalium 2
Calcium 99
Magnesium 39
Chlorid 15
Sulfat 151
Hydrogencarbonat 307

Carvalhelhos

Aquas de Carvalhelhos S.A.
5460 Boticas

Ganz im Norden Portugals, nahe der spanischen Grenze in der Serra de Alturos, liegt diese ergiebige Quelle. Sie wurde 1850 in dem kleinen Thermalbadeort Boticas entdeckt. Für viele Portugiesen ist dieses mineralarme Wasser das »tafelfeine« Trinkwasser. Immerhin werden 40 Millionen Liter jährlich davon getrunken.

Geschmack:
Neutral, weich

Sorten:
Natural ohne, Natural Gaseificado mit mittlerer Kohlensäure

Anwendung:
Allroundwasser; zum Kochen, Mixen

Mineralien:
Sehr gering mineralisiertes Wasser, fast kochsalzfrei; mit 3,4 mg/l hoher Fluoridanteil

Natrium 54
Kalium 2
Calcium 6
Chlorid 5
Sulfat 8
Hydrogencarbonat 134

Lombadas

Meyrelles & C.ª S.A.
Rua das Laranjeiras 31
Azores S. Miguel Ponta Delgade

Die Lombadas Quelle liegt auf der Hauptinsel São Miguel der mit guten Quellen mehr als reich gesegneten Azoren. Sie ist mit einem jährlichen Ausstoß von 350 Millionen Litern die größte Quelle mit kohlensäurehaltigem Wasser; doch es gibt noch größere »stille« Quellen. Das Areal von Furnas auf São Miguel ist mit 22 kalten und warmen Quellen eines der variantenreichsten Mineralwassergebiete der Welt.

Natrium 22
Calcium 15
Magnesium 1
Hydrogencarbonat 72

Geschmack:
Neutral

Sorten:
Mit voller und reduzierter Kohlensäure

Anwendung:
Allroundwasser; zum Kochen, Mixen, Essensbegleiter

Mineralien:
Sehr gering mineralisiert

Serra da Estrela

Sasel Sociedade de Águas da Serra da Estrela S.A.
Apartado 10
6291 Gouveia Codex

Eines der bekanntesten Wässer in Portugal. Es wird nur 30 km nordöstlich von Lissabon gewonnen und ist das wichtigste Wasser für Portugals Hauptstadt. Das Regenwasser, das in dem großen, 1200 Meter hoch gelegenen Naturpark »da Serra da Estrela« niedergeht, tritt nach mehreren Jahrzehnten Durchlauf am Fuße einer Bergkette aus. Es läuft durch mehrere Gesteinsschichten, die zum Teil aus Granit bestehen.

Natrium 2
Kalium 0,4
Calcium 1
Magnesium 0,3
Chlorid 2
Sulfat 0,5
Hydrogencarbonat 9

Geschmack:
Neutral

Sorten:
Ohne Kohlensäure »Noncarbonated«

Anwendung:
Allroundwasser; zum Kochen

Mineralien:
Eines der mineralärmsten Wässer der Welt; praktisch natrium- und kochsalzfrei

Bucovina

S.C. Bucovina Mineral Water S.A.
Vatra Dornei

Das Wasser heißt wie die Gegend, aus der es stammt, und die liegt im und am Karpatenbogen im nördlichen Teil Rumäniens. Mit deutschem Know-how wurde der Tiefbrunnen 1993 angelegt. Die Gegend mit ihrer wechselhaften Geschichte – schon um 1300 Buchenland genannt – ist ungewöhnlich reich gesegnet mit ergiebigen, teils heilsamen Quellen und war zur k.u.k. Zeit ein beliebtes Badeziel der mondänen Welt.

Geschmack:
Neutral, weich

Sorten:
Still

Anwendung:
Allroundwasser; zum Kochen, Mixen

Mineralien:
Geringe, ausgewogene Mineralisation

Natrium 45
Kalium 4
Calcium 83
Magnesium 24
Chlorid 11
Sulfat 9
Hydrogencarbonat 548

Essentuky

Essentuky Mineral Water Factory
Rußland Essentuky

Essentuky gehört zu den bedeutendsten Heilbädern Rußlands. Neben der ortsgebundenen balneotherapeutischen Nutzung durch Trink- und Badekuren wird allein an diesem Ort an 28 Brunnen – mit einer Ergiebigkeit von täglich bis zu 10000 m^3 – Mineralwasser abgefüllt und landesweit vertrieben. Die Bohrungen reichen bis zu der enormen Tiefe von 1500 Metern. Zu den bekanntesten Wässern gehören Essentuky Nr. 17, ein 124 m tiefer Brunnen, und Essentuky Nr. 4 aus 155 m Tiefe.

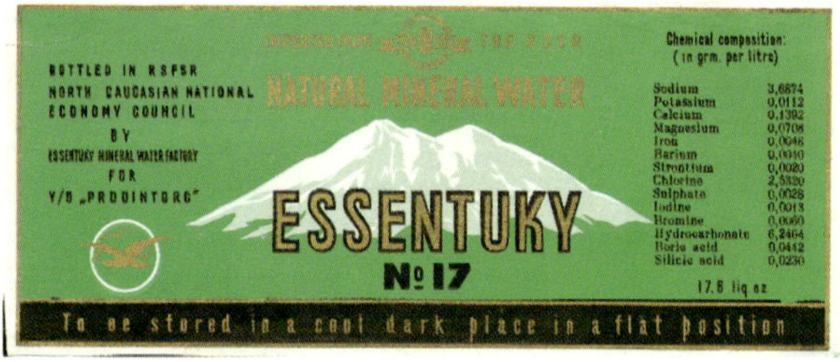

Natrium 3687
Kalium 11
Calcium 139
Magnesium 71
Chlorid 2532
Sulfat 3
Hydrogencarbonat 6264

Geschmack:
Salzig, medizinisch, bitter – nur schwer trinkbar

Sorten:
Mehrere völlig unterschiedliche

Anwendung:
Nur für wenige medizinische Zwecke

Mineralien:
Mit über 12 g/l Mineralien und 4 g/l Salz extreme Außenseitermineralisation

Ramlösa

AB Ramlösa Hälsobrunn
P.O. Box 15 023
25015 Helsingborg

Die Quelle wurde vor etwa 300 Jahren von einem Professor der Medizin entdeckt, der 1707 in ihrer Nähe an der südschwedischen Küste einen Kurort gründete. Das Wasser wird aus einem tief im Gestein liegenden kristallklaren See hochgepumpt und in die bekannten blauen Keulenflaschen abgefüllt. Die größte schwedische Mineralwassermarke gewinnt auch bei uns mehr und mehr Freunde.

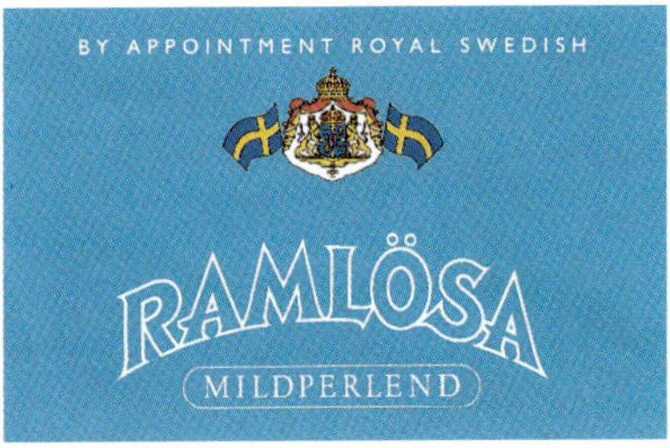

Natrium 222
Kalium 2
Calcium 2
Magnesium 1
Chlorid 23
Sulfat 7
Hydrogencarbonat 548

Geschmack:
Neutral

Sorten:
»Mildperlend«

Anwendung:
Das große Wasser für die feine Tafel; ideal zum Mixen

Mineralien:
Geringe Mineralisation, relativ viel Natrium, aber nur 38 mg/l Kochsalz; mit 2,8 mg/l als »fluoridhaltig« deklariert

Vilamina

Clear Water Scandinavia AB
Karl Johansgatan 74
40241 Göteborg

Ein ganz eigenwilliges Mineralwasser aus Mittelschweden. Nur etwa 200 km unterhalb des nördlichen Polarkreises wird es in einer einsamen Berggegend gewonnen. Weit und breit ist es die einzige Quelle, und in riesigem Umkreis entfernt gibt es weder Industrie noch Landwirtschaft. Das Wasser fließt 40 Jahre durch den Olivingürtel, der sich von Sibirien über Finnland bis nach Schweden zieht. Das Wasser hat den höchsten pH-Wert, der je bei einem Mineralwasser gemessen wurde. Den 1985 gemessenen Wert von 10,4 PH glaubte zunächst niemand. Weitere Analysen bestätigten ihn aber.

Natrium 7
Kalium 3
Calcium 2
Magnesium 21
Chlorid 3
Sulfat 9
Hydrogencarbonat 110

Geschmack:
Neutral, weich

Sorten:
Ohne Kohlensäure

Anwendung:
Allroundwasser; zum Kochen, für Diäten, zum Entschlacken, Zahnpflege (Entsäuerung)

Mineralien:
Sehr niedrige Mineralisation; fast natrium- und kochsalzfrei

Adelbodner

Natrium 6
Kalium 1
Calcium 540
Magnesium 35
Chlorid 7
Sulfat 1230
Hydrogencarbonat 276

Mineral- und Heilquellen AG
3715 Adelboden

Schon aus dem Jahre 1559 gibt es einen Bericht, wonach sich »viele Leute zur Badekur nach Adelboden ins Schwefelbad begeben würden«. 400 Jahre später gründeten einige Familien des Ortes eine Aktiengesellschaft, bauten eine Abfüllstation und verkaufen seitdem das inzwischen recht beliebt gewordene Wasser. Vier bis sieben Jahre dauert der Durchlauf des Wassers durch verschiedene Schichten; es wird aus einem Gipslager in 23 m Tiefe hochgepumpt.

Geschmack:
Weich, mit leichter Erdnote (beim abgestandenen Wasser)

Sorten:
»Cristall« ohne, »Mineral« mit wenig und »Spezial« mit viel Kohlensäure

Anwendung:
Gutes Wasser für alle Tage; verdauungsanregend, bei einer Flasche und mehr abführend

Mineralien:
Hoher Sulfat- (»Schwefelwasser«) und Calciumanteil; sonst zurückhaltend mineralisiert und praktisch kochsalzfrei

Aqui

Brauerei Hürlimann AG
Brandschenkestraße 150
8027 Zürich

Nach Brauwasser für die bekannte Züricher Brauerei hat man gesucht und auf dem Betriebsgelände in einer 300 bis 500 m tiefen Sandsteinschicht die recht ergiebige, mit 300 Litern pro Minute fließende Quelle gefunden. Das Wasser ist, wie Messungen ergaben, einige tausend Jahre alt. Aus Dankbarkeit für den gefundenen »Reichtum« errichtete man einen Brunnen, aus dem jeder gratis Aqui schöpfen kann. Zum Brauen freilich muß das Wasser entmineralisiert werden.

Natrium 320
Kalium 2
Calcium 3
Magnesium 1
Chlorid 160
Sulfat 130
Hydrogencarbonat 410

Geschmack:
Neutral mit zarter mineralischer Note

Sorten:
Mit Kohlensäure angereichert

Anwendung:
Beliebtes Tageswasser vieler Eidgenossen; gut als Essensbegleiter, zum Kochen und Mixen

Mineralien:
Geringe Mineralisation

Arkina Yverdon

Arkina SA
1400 Yverdon-les-Bains

Am südlichen Zipfel des Neuenburger Sees (Lac de Neuchâtel) liegt in 433 m Höhe das hübsche geschichtsträchtige Städtchen mit seiner ergiebigen Quelle. Und von dort aus hat man 666,4 m tief gebohrt – so zentimetergenau steht es jedenfalls auf dem Etikett –, um an das ersehnte Wasser zu gelangen. Speziell in der Französischen Schweiz ist diese Quelle beliebt.

Geschmack:
Neutral

Sorten:
Mit und ohne Kohlensäure

Anwendung:
Allroundwasser; zum Kochen, Mixen, »geeignet für Kinderernährung« (lt. Deklaration)

Mineralien:
Sehr geringer Gehalt an Mineralien; praktisch natrium- und kochsalzfrei

Natrium 6
Calcium 40
Magnesium 22
Chlorid 3
Sulfat 13
Hydrogencarbonat 239

Henniez

Mineralquellen Henniez S.A.
1525 Henniez

Natrium 6
Kalium 1
Calcium 108
Magnesium 20
Chlorid 12
Sulfat 13
Hydrogencarbonat 387

In der Nähe von Lausanne im Broyetal entspringt diese ergiebige Quelle. Schon die Römer haben sich an ihr gelabt, und Napoléon soll auch davon getrunken haben. Das Alpenvorgebirge mit seinen Sand- und Kiesschichten ist der natürliche Filter. Das Schmelzwasser der Bergregionen sammelt sich nach langem Durchlauf kristallklar und mit sehr wenig Mineralien auf undurchlässigen Moränenschichten. Henniez ist eines der bedeutendsten Mineralwässer der Schweiz, das jeder kennt und das es überall gibt.

Geschmack:
Neutral

Sorten:
Mit voller (Gazeuse), reduzierter (Mini Gazeuse) und ohne Kohlensäure (Non Gazeuse)

Anwendung:
Allroundwasser; zum Kochen, Mixen, für natrium- und kochsalzarme Ernährung, für Babynahrung

Mineralien:
Gering mineralisiertes Wasser, leicht calciumbetont

Passugger

Passugger Heilquellen AG
7062 Passugg

Oberhalb von Passugg bei Chur fließt das Regen- und Schneeschmelzwasser aus der Theophilquelle. Vorher allerdings hat es sich während eines 14 Jahre dauernden Durchlaufs völlig von den »Ballaststoffen« unserer Umwelt befreit und dafür mit wertvollen Mineralien angereichert. Die Quelle kannte man schon im 16. Jahrhundert, die Familie Passugger erwarb sie 1896 und machte sie weithin bekannt und beliebt.

Geschmack:
Neutral

Sorten:
Mit voller und reduzierter Kohlensäure

Anwendung:
Eines der Tageswässer der Eidgenossen; zum Kochen, Mixen

Mineralien:
Mittlere Mineralisation mit leichter Calciumbetonung

Natrium 46
Kalium 3
Calcium 286
Magnesium 24
Chlorid 19
Sulfat 48
Hydrogencarbonat 1020

Natrium 160
Kalium 9
Calcium 227
Magnesium 41
Chlorid 23
Sulfat 163
Hydrogencarbonat 1140

Rhäzünser

Passugger Heilquellen AG
7062 Passugg

Die zweite große Marke von Passugger, die man in vielen Läden der Schweiz sieht. In der Nähe des Örtchens Rhäzüns im hinteren Rheintal kommt diese Quelle mit einer Schüttung von 75 Litern in der Minute ans Tageslicht. 1970 hat die Familie Passugger dieses Mineralwasser auf den Markt gebracht. Heute ist es überall bekannt und beliebt.

Geschmack:
Leicht mineralisch

Sorten:
Mit voller und ohne Kohlensäure

Anwendung:
Allroundwasser; zum Kochen und Mixen

Mineralien:
Ausgewogene Mineralisation; relativ wenig Kochsalz: 38 mg/l

Valser

Valser Mineralquellen AG
Steinhölzli
3097 Liebefeld-Bern

Die Valser-Quelle entspringt dort, wo sich vor Millionen von Jahren die Gesteinsformationen mit Bündnerschieferschichten und Dolomitauflagerungen auftürmten, jenes Gestein, das für die außergewöhnliche Mineralisation dieses Wassers von Bedeutung ist. Bis zu 1000 m tief dringt das Wasser in die Schichten und kommt nach 25 Jahren im Valsertal am Fuße des Piz Aul ans Tageslicht. 400 Liter fließen in der Minute mit 30° C.

Natrium 11
Kalium 2
Calcium 436
Magnesium 58
Chlorid 3
Sulfat 990
Hydrogencarbonat 386

Geschmack:
Angenehm mineralisch

Sorten:
Mit wenig Kohlensäure

Anwendung:
Vielseitiges Tageswasser; für salz- und natriumarme Ernährung

Mineralien:
Mittlere Mineralisation mit besonders hohem Sulfat- und Calciumgehalt, fast kochsalzfrei

Rogaska-Quell
Heilwasser Radenska

Natrium
1170 (706)
Kalium 22
Calcium 398(195)
Magnesium
859 (105)
Chlorid 51(74)
Sulfat 1574 (149)
Hydrogencarbonat
6605 (2815)

Kurverwaltung Rogaska Slatina,
Slovenia
Import: Otto Pachmayr GmbH & Co.
Mineralwasser KG
Triebstraße 37
80993 München

Dieses wahre Wunderwasser kommt aus den Alpenausläufern in Rogaska Slatina 35 km südlich von Maribor. Es wird an der Quelle des Flüßchens Donats abgefüllt. 1865 entdeckte ein Arzt in Radenci die überreich ein paar Meter unter der Oberfläche sprudelnden Quellen mit stark mineralischem Wasser. Bemerkenswert der aufklärende Hinweis auf dem Etikett: Natrium ist nicht Kochsalz. Die gleiche Firma importiert das mit 4 g/l Mineralien ebenfalls bemerkenswerte Radenska aus Slowenien.

Geschmack:
Medizinisch, stark mineralisch, dennoch gut trinkbar

Anwendung:
Magnesiumzufuhr; bei Gallenleiden, Magen-, Darmschleimhautentzündungen, Arteriosklerose, unterstützt Leberfunktionen, abführend, gegen Muskelkrämpfe und vieles andere

Mineralien:
Extrem stark mineralisiert; eines der stärksten Wässer der Welt. Überwältigender Magnesiumanteil (ein Liter = mehrfacher Tagesbedarf), aber nur 85 mg/l Kochsalz.
(»Radenska«)

Vichy Catalan Malavella

S.A. Vichy Catalan
Roger de Llúria 126
08037 Barcelona

Zwei bedeutende spanische Mineralwässer, die weit verbreitet sind und die in Spanien gern zum Essen getrunken werden. Es sind freilich recht »starke« Wässer, die mit 60° C in den Ausläufern der Pyrenäen sprudelnd zutage treten. 1880 hat ein Arzt die heilsame Wirkung dieser Quellen erneut erkannt – nachdem die Römer schon davon wußten –, machte aus Caldes de Malavella einen Kurort und benannte das Wasser nach dem französischen Vorbild Vichy Catalan. In der mineralischen Zusammensetzung ist es diesem ziemlich ähnlich.

Natrium 1125
Kalium 52
Calcium 27
Magnesium 9
Chlorid 631
Sulfat 49
Hydrogencarbonat 2013

Geschmack:
Mineralisch, leicht salzig

Sorten:
Mittlere Kohlensäure

Anwendung:
Nach Leistungssport, Schwerarbeit, Hitze, Sauna; bei Fieber, Erbrechen; generell zur Kochsalzergänzung und Kariesprophylaxe

Mineralien:
Extrem stark mineralisierte Wässer mit hohem Natriumanteil und über 1 g/l Kochsalz; mit 7 mg/l stark fluoridhaltig

Hayat Quellwasser

Marmara GmbH
Ulmenstraße 275
40468 Düsseldorf

Aus den hohen Taurusbergen im Süden der Türkei kommt dieses Wasser; es ist mit 60 Prozent Marktanteil die Nr. 1 des Landes. Die Quelle fließt außerordentlich reich und versiegt selbst bei längeren Hitzeperioden nicht – was man sonst kaum von einer türkischen Quelle sagen kann. Kraft Jacobs Suchard sind die Besitzer, die sich somit ein weiteres Standbein aufgebaut haben. Auch in Deutschland ist das Wasser weit verbreitet.

Geschmack:
Neutral

Sorten:
Still (nur in PET-Flaschen)

Anwendung:
Für alle Zwecke des Haushalts, zum Kochen

Mineralien:
Extrem gering mineralisiert; praktisch natrium- und kochsalzfrei

Natrium 4
Kalium –
Calcium 44
Magnesium 7
Chlorid 2
Sulfat 6
Hydrogencarbonat 162

Pinar Sasal Quellwasser

Pinar Mineral Water
Industries Co. Inc.
P.O.Box 762
Izmir, Türkei
Importeur: Yadex, Frankfurt

Seit Hunderten von Jahren soll die Quelle, 30 km von Smyrna (Izmir) entfernt, bekannt sein, doch so richtig fließt sie erst seit der Gründung von Pinar im Jahre 1982. Seitdem wurde sie zu einem der größten Wasserspender der Türkei. Jährlich werden 300 Millionen Liter, vorwiegend in Kunststoffflaschen, abgefüllt.

Geschmack:
Neutral, weich

Sorten:
Still

Anwendung:
Allroundwasser; Essensbegleiter, zum Kochen

Mineralien:
Ein Wasser mit sehr wenigen gelösten Stoffen

Natrium 23
Kalium 2
Calcium 6
Magnesium 1
Chlorid 20
Sulfat 0,1
Hydrogencarbonat 43

Apenta

Apenta GmbH Deutschland
Bamberger Straße 90
91413 Neustadt/Aisch

In Ungarn ist dieses Mineralwasser als führende Marke schon seit langem ein Begriff, jetzt wird es in 1,5-l-PET-Flaschen nach Deutschland ausgeführt. 1000 m tief in urzeitliche Gesteinsschichten wurde das Brunnenloch gebohrt. Damit kommt Apenta aus einer der tiefsten, von Menschen erbohrten Quellen überhaupt. Eigentümer dieses angesehenen ungarischen Brunnens ist seit 1991 Franken Brunnen, die auch den Vertrieb in Deutschland durchführen.

Natrium 280
Kalium k. A.
Calcium 197
Magnesium 55
Chlorid 250
Sulfat 440
Hydrogencarbonat 600

Geschmack:
Neutral, weich

Sorten:
»Classic« mit voller, »Medium« mit reduzierter Kohlensäure

Anwendung:
Allroundwasser; gut zum Kochen und Mixen

Mineralien:
Mittlere Mineralisation mit stärkerem Sulfatanteil

Hunyadi Janos Heilwasser

Hunyadi Janos Budai
Természetes Gyógy-Keserüviz
Budapest

Schon vor der Jahrhundertwende wurde in deutschen Zeitungen für das berühmte Bitterwasser aus Ungarn mit seiner ungewöhnlich hohen Mineralisation geworben. Nach der Bad Mergentheimer Albertquelle ist es das stärkste Wasser, das überhaupt abgefüllt wird. Natürlich schmeckt dieses Wasser nicht und ist ausschließlich für rein medizinische Anwendungen geeignet.

Geschmack:
Stark mineralisch, salzig, medizinisch

Anwendung:
Für starkes, schnelles Abführen und in kleinen Mengen zur Behebung von Darmträgheit

Mineralien:
Außerordentlich hoch mineralisiert; stärkster Sulfatgehalt, dreimal höher als das nächstfolgende Heilwasser

Natrium 5915
Kalium 26
Calcium 388
Magnesium 2242
Chlorid 429
Sulfat 21020
Hydrogencarbonat 728

Hartz

Hartz Tasmania Pty Ltd.
Hobard, Prince of Wales Bay
Import: Unient, 86885 Landsberg

In den wundervollen, von der UNESCO als World Heritage Region geschützten bewaldeten Bergen Westtasmaniens wird dieses Wasser gewonnen. Die Quelle wurde vor zehn Jahren ins Leben gerufen und kommt artesisch aus der Erde. Das auch hier erhältliche Wasser wird in drei Flaschengrößen abgefüllt.

Geschmack:
Neutral

Sorten:
Mit mittlerem Kohlensäuregehalt

Anwendung:
Allroundwasser; zum Kochen, Mixen

Mineralien:
Geringe Mineralisation ohne Schwergewicht

Natrium 35
Kalium –
Calcium 86
Magnesium 9
Chlorid 70
Sulfat 26
Hydrogencarbonat 260

Tasmania Rainwater Tafelwasser

Tasmania Rainwater Ltd.
(Vecon Ltd.)
P.O. Box 417,
Devonport Tasmania 7310
Australia

Calcium 5 ppm
Magnesium 1 ppm
Natrium 5 ppm
Kupfer 0,01 ppm
Nitrat 0,2 ppm

Der Regen an der einsamen Westküste von Tasmanien soll der reinste der Welt sein. Kalte antarktische Winde bringen massenhaft mit Feuchtigkeit beladene Wolken über die große Insel, wo sie sich »ausweinen«. Man hat den Regen untersucht und nichts »Anstößiges« darin gefunden. Clevere Geschäftsleute vermarkten es jetzt nach einer sicherheitshalber durchgeführten Filtration und Desinfektion. In Japan hat es schon großen Erfolg.

Geschmack:
Völlig neutral und wunderbar weich

Sorten:
Still

Anwendung:
Tafelwasser; Partygag

Mineralien:
Das Wasser ist praktisch frei von gelösten Stoffen

Rokko No Oishii Mizu

House Foods Corporation
5-11 Nihonbashi Honcho 2-Chome
Chuo-Ku
Tokyo 103

Natrium 18
Kalium 0,3
Calcium 24
Magnesium 6
Hydrogencarbonat 83

Benannt ist das Wasser nach den »Rokko Bergen« im Nationalpark »Setonaikai Kokuritsu Koen«. Das Regenwasser sickert während einer langen Periode vor allem durch Granitgestein und reichert sich mineralisch an. Es wurde früher gerne von Seeleuten als »Kobe Wasser« mitgenommen, weil es bei längeren Fahrten nicht »faulig« wurde. Auch wird es zur Herstellung von Japans berühmtestem Reiswein »Nada No Sake« verwendet. Der Mineralwassermarkt in Japan ist klein, weil das Leitungswasser überall gut ist. Es gibt nur wenige Brunnen, und mit »Rokko« startete man 1983.

Geschmack:
Neutral, weich

Sorten:
Still

Anwendung:
Für vielfache Verwendung im Haushalt und in der Gastronomie

Mineralien:
Sehr niedrig mineralisiert

Canadian Music Premium Glacier Water

Today Products Ltd.
404-999 Canada Place
Canada V6C 3E2 Vancouver, B.C.

Gletscherwasser in zwei unterschiedlichen Abfüllungen von unglaublicher Reinheit. Es wird unterhalb eines aus 1600 Metern Höhe herabbrausenden Wasserfalls mit Gletscherschmelzwasser in Edelstahlbehältern aufgefangen. Beachtenswert ist die dreieckige Kunststoffflasche, die mehrfach preisgekrönt wurde (stapelfähig, platzsparend, originell).

Geschmack:
Absolut geschmacklos, weich

Anwendung:
Zum Kochen, Mixen, für Eiswürfel; Partyspaß

Mineralien:
Mineralien können nicht angegeben werden: das Wasser hat nur 2 bis 8 Teile gelöste Inhaltsstoffe – je nach Saison – auf eine Million Teile Wasser und gleicht damit praktisch destilliertem Wasser

NZ Crystal Springs

New Zealand Office – EuroNZ
Miranda Rd., Mangatangi
R.D.I. Pokeno Auckland,
New Zealand

Die Otakiri-Quelle – im Gebiet Südauckland – liegt am Urewera Nationalpark (bei Rotorua) in einem der unberührtesten Gebiete der Welt (pro qkm ein Einwohner). Das Wasser der in 220 m Tiefe sprudelnden Quelle kommt nach 50 Jahren Durchlauf durch natürlichen Druck ans Tageslicht. (Niemand braucht sich daran zu stören, daß man Wasser von der anderen Seite der Erde zu uns schifft. Da Neuseeland viel mehr im- als exportiert, würden die Schiffe ohnehin fast leer zurückfahren.)

Natrium 12
Kalium 3
Calcium 3
Magnesium 2
Chlorid 8
Sulfat 5
Hydrogencarbonat 33

Sorten:
Still und leicht mit Kohlensäure versetzt

Geschmack:
Neutral

Anwendung:
Allroundwasser; Essensbegleiter; zum Mixen

Mineralien:
Extrem niedrige Mineralisation

Mountain Valley Spring

Mountain Valley Spring Company
Hot Springs National Park
Arkansas 71901

In einem riesigen Wald des Nationalparks Hot Springs liegt diese bekannteste Quelle der USA. Am Eingang kann man lesen, daß sie schon seit 125 Jahren angezapft wird. Durch Sandstein-, Schiefer- und Kalksteinschichten tröpfelt das Regenwasser – nach Untersuchungen 3500 Jahre lang –, um sich in 500 m Tiefe anzusammeln. Pro Minute kommen 170 Liter durch eigenen Druck nach oben. Mountain Valley Spring ist das einzige Mineralwasser der USA, das landesweit vertrieben wird.

Geschmack:
Neutral, weich

Anwendung:
Das große Tageswasser vieler Amerikaner; zum Kochen, Mixen, Abnehmen, für Babynahrung

Mineralien:
Sehr gering mineralisiertes Wasser; kochsalzfrei, leicht calciumbetont

Natrium 3
Kalium 1
Calcium 79
Magnesium 7
Chlorid 4
Sulfat 8
Hydrogencarbonat 238

Hawaii Water

Menehune Water Company
99-1205 Halawa Valley Street
96701 Hawaii Aiea

Dieses »Regenwasser« stammt von der Hawaii-Insel Oahu, auf der es an bis zu 350 Tagen im Jahr zu Regenfällen kommt, und es macht eine wundersame Verwandlung zu einem der reinsten Wässer der Welt durch. 24 Jahre lang fließt es durch die porösen Lavaschichten eines Vulkankegels und sammelt sich in einer auf dem Salzwasserspiegel »schwimmenden« Süßwasserzone.

Sorten:
Still

Geschmack:
Neutral, weich

Anwendung:
Essensbegleiter; zum Kochen, für Eiswürfel

Mineralien:
Das Wasser enthält Mineralien nur in Spuren, die kaum noch nachweisbar sind. Es gilt – mit 5 Teilen Mineralien auf 1 Million Teile Wasser – nach US-Standard als »Ultra Pur« und gleicht annähernd destilliertem Wasser.

GLOSSAR

Anionen: negativ geladene Teilchen von Atom- oder Molekülgröße, z.B. Chlorid, Sulfat, Hydrogencarbonat.

Aqua destillata: Wasser ohne mineralische oder gasförmige Inhaltsstoffe, hergestellt durch Auffangen von Wasserdampf. Zum Trinken ungeeignet.

Artesischer Brunnen: Das Wasser steigt durch eigenen Überdruck aus der Quelle. Diese Erscheinung gibt es überall dort, wo das Grundwasser zwischen zwei undurchlässigen Schichten, meist Ton, fließt und an einer Stelle angebohrt wird, die tiefer liegt als die Zuflußstelle.

Brauchwasser: Leitungswasser in guter Qualität für alle Zwecke im Haushalt, in der Industrie und im Gewerbe.

Brunnen: Oberbegriff für alle gefaßten Quellen; Zeichen für eine höhere Kulturstufe; Mayas und Mesopotamier waren Meister im Brunnenbau. Brunnen ist auch der Begriff für einen gesamten Quellenbetrieb.

Brik: Mit Folie ausgekleideter Pappkarton für den Verkauf von kohlensäurefreiem Mineralwasser.

Brunneneinheitsflasche: 2,2 Milliarden Stück sind von dieser Flasche mit den typischen Glasnoppen am Hals unterwegs. Sie hat viele logistische Vorteile: Es gibt keine Probleme mit der Rücknahme, und sie kann bis zu 50mal wiederverwendet werden.

Calcium: In Mineralwässern häufig vorkommendes wichtiges Mineral. Bei höherer Dosierung ergibt es mineralisch harten Geschmack.

Chlorid: Bildet mit Natrium Natriumchlorid = Kochsalz. (Rechnet man die Menge an Chlorid x 1,65 und die von Natrium x 2,54, ergibt das niedrigere Ergebnis die Menge an Kochsalz.)

Destilliertes Wasser: s. Aqua destillata

Eisen: In vielen Wässern vorkommender wertvoller Bestandteil. Oxidiert leicht, fällt flockig aus und wird deshalb entfernt (enteisenen). Ausnahmsweise läßt man es bei einigen Heilwässern für bestimmte Indikationen im Wasser (Eisen-Heilquellen, Stahlbrunnen).

Enteisenen: Einzige erlaubte Behandlung des Mineralwassers ist die Entfernung des Eisens (neben einigen anderen unerwünschten Stoffen).

Fluorid: Wertvoll zur Kariesprophylaxe. Kommt in wirksamen Mengen nicht allzu häufig vor. Darf ab 1 mg/l und muß ab 1,5 mg/l deklariert werden.

Heilwasser: Natürliches Mineralwasser mit unterschiedlichsten Mineralanteilen, das dem strengen Arzneimittelgesetz unterliegt. Die Heilwirkung ist durch vielfache Prüfvorgänge bis zur staatlichen Anerkennung nachzuweisen.

Hydrogencarbonat: Meist Hauptbestandteil des Mineralwassers; bei hohem Anteil mineralischer Geschmack – vor allem in Verbindung mit Natrium, Magnesium und Calcium.

Ionen: Oberbegriff für alle elektrisch positiv (Kationen) oder negativ (Anionen) geladenen Teilchen im Wasser.

Kalium: Nur in geringen Mengen im Mineralwasser vorkommendes Mineral. Für den menschlichen Körper unerläßlich.

Kationen: Positiv geladene Teilchen; z.B. Natrium, Magnesium, Calcium, Kalium, Eisen.

Kochsalz: Verbindung von Natrium mit Chlorid (= Natriumchlorid). In fast allen Mineralwässern enthalten (s. Chlorid).

Kohlensäure: Gas mit erfrischender Wirkung und säuerlichem Geschmack. Wird beim Austritt aus der Quelle aufgefangen und nach dem Enteisenen wieder in gewünschter Menge bis 8 g/l zugesetzt – oft ergänzt durch künstliche Kohlensäure.

Kohlenstoffdioxid: chemisch richtige Bezeichnung für Kohlensäure (CO_2).

Magnesium: Für den Körper wertvolles Mineral, das im Mineralwasser in unterschiedlicher Menge vorkommt.

Mineralien: Etwa 2000 Mineralien sind bisher bekannt. Eine ganze Reihe davon kommt – meist in Spuren – im Mineralwasser vor.

Mineral- und Tafelwasserverordnung: »Verordnung über natürliches Mineralwasser, Quellwasser und Tafelwasser« von 1984 »für das Herstellen, Behandeln und Inverkehrbringen« der Wässer.

Natrium: In fast allen Mineralwässern auftretendes Mineral. Bestandteil des Kochsalzes (= Natrium/Chlorid; s. Chlorid).

Natriumchlorid: Kochsalz (s. Chlorid und Natrium).

Natürliches, kohlensäurehaltiges Mineralwasser: Enthält in der Flasche die gleiche Menge Kohlensäure wie beim Quellaustritt.

Natürliches Mineralwasser: Gesetzlich vorgeschriebener (pleonastischer) Begriff für Mineralwasser.

Natürliches Mineralwasser mit eigener Quellkohlensäure: ausschließlich mit quelleneigener Kohlensäure abgefüllt, die noch dazu höher sein muß als beim Austritt aus der Quelle.

Natürliches Mineralwasser mit Kohlensäure versetzt: mit fremder (meist künstlicher) Kohlensäure.

Nitrat: In der zugelassenen Menge nichttoxisches Mineral, das durch Oxidation von Ammonium in tiefen Erdschichten und durch menschliche Einflüsse ins Wasser gelangen könnte.

Nitrit: Entsteht aus Nitrat. Die im Mineralwasser vorkommenden Mengen liegen im unbedenklichen Spurenbereich.

Oberflächenwasser: Für die Trinkwassergewinnung verwendetes Fluß-, Regen-, Seewasser und Wasser aus geringer Tiefe.

Plattes Wasser: Nicht ganz glückliche Übersetzung für »l'eau plat« = Mineralwasser ohne deutliche Kohlensäure.

Quelle: Ort des Wasseraustritts. Natürliches Mineralwasser darf nur aus einer auf dem Etikett anzugebenden Quelle (die aber mehrere Bohrlöcher haben darf) stammen.

Quellwasser: Aus unterirdischem Wasservorkommen gewonnen und am Quellort abgefülltes Wasser (ohne Angabe von Inhaltsstoffen).

Sauerbrunnen, Säuerling: Zusatzbezeichnung für Mineralwasser mit mindestens 250 mg/l natürlicher Kohlensäure in der Quelle.

Schüttung: Menge des in einem bestimmten Zeitraum aus einer Quelle fließenden Mineralwassers.

Sodawasser: Kohlensäurehaltiges Tafelwasser mit über 570 mg/l Natriumhydrogencarbonat.

Sprudel: Sauerbrunnen, Säuerling, der »im wesentlichen unter natürlichem Kohlensäuredruck hervorsprudelt«.

Spurenelemente: Mineralien, die in minimalen Mengen im Mineralwasser vorkommen. Für einige sind erlaubte Höchstwerte festgesetzt.

Stilles Wasser: Ungenauer Begriff für Mineralwasser mit reduzierter Kohlensäure; der Anteil kann von 6 g/l bis 0 g/l reichen. Genauere Angaben auf dem Etikett sind nicht vorgeschrieben, werden aber angestrebt.

Sulfat: Mineral ohne Grenzwerte für Mineralwasser; bei regelmäßigem Verzehr zeitigt es schonend abführende Wirkung (ab 250 mg/l).

Tafelwasser: Wasser mit erlaubten Zusatzstoffen (wie Natursole, Meerwasser, Natriumchlorid u.a.), das überall, ohne Bindung an eine Quelle, hergestellt werden kann, wenn die mikrobiologischen und die Inhaltsvorschriften eingehalten werden.

Tiefenwasser: Im Gegensatz zum Oberflächenwasser aus der Erdtiefe stammendes Wasser. Bohrungen nach Tiefenwasser können in über 1000 Meter Tiefe gehen.

Trinkwasser: Unter strenger Aufsicht stehendes Wasser für den täglichen Gebrauch. Vielfach sind aus technischen und anderen Gründen weniger Inhaltsstoffe erlaubt als beim Mineralwasser.

Undissoziierte Stoffe: Auf manchen Etiketten angegebene Stoffe, die weder den Anionen noch den Kationen zuzurechnen sind (Kiesel- und Borsäure).

Verband Deutscher Mineralbrunnen: 1904 (Urzelle) gegründeter Verband, dem alle deutschen Brunnenbetriebe freiwillig angehören.

Wasserfilter: Technische Geräte, mit denen unerwünschte Stoffe aus dem Leitungswasser herausgefiltert werden. In letzter Zeit umstritten, da sich Bakterienherde darin bilden können. Für Mineralwasser völlig ohne Belang.

BILDNACHWEIS

Apollinaris S. 19; Claus Arius S. 18u; Boario S. 17; Lutz Hiller S. 55; IDM/Informationszentrale Deutsches Mineralwasser S. 2, 13, 26, 45, 48; The Image Bank S. 53; Interfoto S. 12; Kaiser Friedrich Quelle S. 20; SAN PELLEGRINO S. 16, 24, 25; Spa Monopole S. 23; R. Strobel S. 29, 30; Vichy Célestines S. 9; Volvic S. 34

Alle Mineralwasserflaschen wurden fotografiert vom Studio Wolf & Schweinitz, Taunusstein.

DIE DEUTSCHEN MINERALWÄSSER

Adelheid Quelle 141
Adelholzener 162
Albertquelle 144
Alexanderquelle 146
Aloisius Quelle 163
Altmühltaler 164
Amandusquelle 101
Apollinaris 86
Arienheller 87
Assindia 70
Auburg 60
Avanus 61
Bad Aachener Kaiserbrunnen 69
Bad Brambacher 124
Bad Brückenauer 165
Bad Camberger Taunusquelle 106
Bad Driburger 71
Bad Dürrheimer Quellen 142
Bad Liebenwerda 131
Bad Liebenzeller 151
Bad Mergentheimer Quellen 144
Bad Nauheimer 115
Bad Niedernauer 155
Bad Pyrmonter 62
Bad Tönissteiner 103
Bad Vilbeler UrQuelle 107
Bad Wildunger 109
Bertholdsquelle 142
Bonaqa Tafelwasser 72
Brohler Classic 88
Brohler Highlight 89
Caspar-Heinrich Quelle 73
Christinen Brunnen 74
Diemeltaler Quelle 75
Dreikönigsquelle 90
Dreiser Sprudel 91
Eligius-Quelle 70
Elisabethen Quelle 110
Ensinger Sport 145
Extaler 63
Finkenbach Quelle 111
Fortis-Brunnen 79
Franken Brunnen 166-168
Freyersbacher 146
Fürst Bismarck Quelle 64
Georg-Viktor-Quelle 109
Germeta Quelle 76
Gerolsteiner Sprudel 92
Gerolsteiner Stille Quelle 92
Göppinger 147
Gräfin Mariannen-Quelle 101
Grüneberg 125
Güstrower Schloßquell 126
Haaner Felsenquelle 77
Harzer Grauhof-Brunnen 65
Hassia Sprudel/Leicht 112
Heerbach 169
Helenenquelle 108
Hellweg Quelle 78
Heppinger 94
Himmelsberger 127
Hirschquelle 148
Hochstein-Quelle 166
Ileburger Schloflbrunnen 128
Jebenhausener 149
Johannisquelle 142
Juwel 74
Kaiser Friedrich Quelle 113
Karat 135
Karlsquelle 144
Kirkeler Wald-Quelle 95
Kisslegger 150
Kondrauer 170
König Otto-Sprudel 171
Kristall Weiflenberger 142
Krumbach 150
Kurselters 117
Labertaler Brunnen 172
Lahnsteiner 96
Lauchstädter 129
Lichtenauer 130
Ludwig I Quelle 165
Luisen Brunnen 114
Margonwasser 132
Märkischer Mineralbrunnen 133
Markus Brunnen 81
Mozart Quelle 173
Neuselters 116
Nürburg Quelle 97
OberSelters 117
Odenwald Quelle 118
Oppacher 134
Paracelsus-Quelle 151
Park-Brunnen 70
Peterstaler 152
Petrusquelle 174
Prinzenburger 135
PurQuell 104
Randegger Ottilien Quelle 153
Reginaris 98
Reinhardsquelle 109

Rennsteig Sprudel 138
Rheinfels Quelle 80
Rhenser 99
Rhodius Fellbuhr 100
Rhön Sprudel 119
Rietenauer 154
Rilchinger 101
Rippoldsauer 152
Roisdorfer 81
Römerquelle 155
Römerwall Quelle 80
Romina 156
Rosbacher 120
Sankt Martin 83
Schildetaler 136
Schillerbrunnen 137
Schwarzwald-Sprudel 157
Schwarzwaldperle 152
Selters 121
Shop-Brunnen 79
Siegsdorfer Petrusquelle 175
Silvana-Quelle 167
St. Christophorus 147
St. Gero 93
St. Margareten 82
Staatl. Fachingen 102
Stadion-Quelle 78
Steinsieker 84
Sylt Quelle 66
Teinacher 158
Theresien Quelle 168
Thüringer Waldquell 138
Tönissteiner 103
Überkinger 159
Vilsa Brunnen 67
Vulkania 97
Vulkan Quelle 104
Werningeröder 139
Wildbadquelle 160
Wittmannsthal Quelle 142
Zwestener Löwensprudel 122

WÄSSER AUS NAH UND FERN

Adelbodner – Schweiz 211
Apenta – Ungarn 222
Aqui – Schweiz 212
Arkina Yverdon – Schweiz 213
Badoit – Frankreich 179
Ballygowan – Irland 193
Bucovina – Rumänien 207
Canadian Music – Kanada 227
Carvalhelhos – Portugal 204
Celtic – Frankreich 180
Contell – Frankreich 181
Contrex – Frankreich 182
Cottorella – Italien 194
Crystal Springs – Neuseeland 228
Essentuky – Rußland 208
Evian – Frankreich 183
Gasteiner – Österreich 200
Hartz – Australien 224
Hawaii Water – USA 230
Hayat – Türkei 220
Henniez – Schweiz 214
Highland Spring – Schottland 190
Hildon – Großbritannien 191
Hunyadi-Janos – Ungarn 223
Ioli – Griechenland 188
Levissima – Italien 195
Lombadas – Portugal 205
Lora Recoaro – Italien 196
Loutraki – Griechenland 189
Malavella – Spanien 219
Montes – Österreich 201
Mountain Valley – USA 229
Original Grand Cru – Belgien 176
Panna – Italien 197
Passugger – Schweiz 215
Perrier – Frankreich 184
Pinar Sasal – Türkei 221
Rainwater – Australien 225
Ramlösa – Schweden 209
Rhäzünser – Schweiz 216
Rogaska – Slowenien 218
Rokko – Japan 226
Römerquelle – Österreich 202
San Benedetto – Italien 198
San Pellegrino – Italien 199
Serra da Estrela – Portugal 206
Spa – Belgien 177
Tasmania Rainwater – Australien 225
Ty Nant – Großbritannien 192
Valser – Schweiz 217
Valvert – Belgien 178
Vichy Catalan – Spanien 219
Vichy Célestines – Frankreich 185
Vilamina – Schweden 210
Vittel – Frankreich 186
Volvic – Frankreich 187
Vöslauer – Österreich 203